REPERTOIRE

CLASSEMENT PAR FAMILLE DE JEUX

JEUX D'OBSERVATION

		Age	Nbre de joueurs
1	Jeux de kim	8-10 ans	10 maxi
2	Cache Tampon	6-8 ans	5 à 10
3	Tu Brûles	7-10 ans	10 à 20
4	Le Furet	6-8 ans	8 à 10
5	Parcours Anomalies	8-10 ans	5 à 30

JEUX DE REFLEXE

		Age	Nbre de joueurs
6	Jacques a dit	7-10 ans	groupe
7	Piperlet	7-10 ans	groupe
8	Pigeon vole	6-9 ans	groupe
9	Les contraires	9-13 ans	groupe
10	Dans la mare sur la rive	6-9 ans	10 à 15
11	Pinocchio	6-9 ans	groupe
12	La main chaude	9-13 ans	2
13	Jeux de doigts	4-9 ans	2 à 6

JEUX DE SOCIETE

		Age	Nbre de joueurs
14	Les métiers	6-10 ans	8 à 12
15	Le marchand de couleurs	6-9 ans	8 à 12
16	La patte à coco	5-7 ans	12 maxi
17	Les mouches	7-10 ans	8 à 12

LES MARELLES

	Age	Nbre de joueurs
18 à 24	6-14 ans	2 mini

LES FICELLES

	Age	Nbre de joueurs
25 à 33	8 ans mini	individuel

REPERTOIRE

(SUITE)

CLASSEMENT PAR MATERIEL

LES BALLES	Age	Nbre de joueurs
34 La balle au mur	9-13 ans	8 à 12
35 Gresse balle	9-13 ans	2 à 4
36 Qui a la balle	6-9 ans	10 à 15
LES CERCEAUX		
37	6-10 ans	2 mini
LES CORDES		
38 à 39	6-12 ans	1 et plus

LES BILLES	Age	Nbre de joueurs
40 à 43	6-12 ans	2 mini
LES COUTEAUX		
44 à 45	12 ans mini	2 à 4
LES OSSELETS		
46 à 47	9 ans mini	2 à 4

ANNEXE

JEUX POUR FORMER DEUX EQUIPES

48 à 49 .... 6 ans mini

Une autre cause d'échec vient souvent de la façon choisie de résoudre l'échec d'un joueur. Les jeux traditionnels joués par un petit nombre de participants prévoyaient : les gages, les mises à l'écart, la mise au pot en attendant la délivrance ou le remplacement, l'élimination, l'épreuve après 5 gages, etc... Autant de solutions qui duraient peu et permettaient au groupe d'exprimer au perdant sa sympathie ou sa réprobation car tous les enfants se connaissaient. Aujourd'hui, nos groupes du mercredi ne sont pas toujours des collectivités mais les centres-aérés peuvent nous permettre d'adapter ces anciennes traditions ; le moniteur a un rôle capital à jouer.

INTRODUCTION

Ces jeux d'observation ont tous pour base un jeu traditionnel qui correspond à deux intérêts :

- chercher ce qui est caché et le trouver
- observer et découvrir

Le développement de la perspicacité entraîne souvent l'enthousiasme des participants et a besoin, pour devenir intéressant, d'être joué assez longtemps.

Autrefois, les enfants n'avaient pas besoin de meneur adulte ; ils trouvaient dans leur groupe d'âge celui qui pouvait organiser le jeu. Il n'était bien souvent d'ailleurs que celui qui savait faire respecter la règle du jeu. Gardien des traditions enfantines, il observait scrupuleusement et avec grand sérieux les règles élaborées par l'expérience du groupe.

Les joueurs essayaient de faire aussi bien, sinon mieux, que le meneur qui était alors remplacé. Le moniteur devra donc s'attacher à se rapprocher le plus de cet ancien rôle. Une fois le jeu pratiqué et bien connu de tous, il devra encourager les enfants à y jouer sans lui ; pour cela il prendra soin d'introduire lentement les règles qui compliquent le jeu, et les variantes qui l'enrichissent.

Dans tous ces jeux adaptés à une collectivité organisée (l'équipe ou le groupe du Centre-Aéré) où les enfants ne sont pas tous volontaires pour jouer au jeu proposé par le moniteur, le remplacement du meneur par celui qui a trouvé pose un problème embarrassant. L'enfant n'est pas toujours en mesure d'assurer la suite du jeu.

Dans les sociétés enfantines, parfois créées autour de la formule «qui c'est qui veut jouer à... ? » l'intérêt de chaque joueur était assuré, ce qui garantissait la possibilité de changer de meneur. Ceci doit nous encourager à développer les activités à choisir.

Nous retrouvons par ces observations, des causes de nos échecs dans les menées de jeu : une phase d'apprentissage bien trop rapide et trop encombrée de règles, des variantes trop compliquées, ayant souvent appauvri l'intérêt de base par des intérêts subsidiaires, parfois même contradictoires.

ACTIVITÉS

Ces ouvrages expliquent comment des enfants et des jeunes ont réalisé ou peuvent réaliser ces activités. Conçus par des éducateurs, des animateurs, ils tiennent compte des intérêts et des capacités des enfants en développant leur savoir-faire, en les amenant à inventer d'autres réalisations. Les explications très claires sont soutenues par de nombreux croquis et photos, mettant ces activités à la portée des enfants seuls ou aidés par un adulte.

les francas

JEUX & ACTIVITÉS

Construire un manège à air chaud. Sculpter la mousse pour fabriquer des marionnettes. Fabriquer un porte-crayons géant. Modeler des masques en papier collé ou carton-pâte. Des tours de magie. Avec 2 vitres, de l'eau, du sable, etc... créer mille et un paysages...

Prix : 30F + port 5F = **35F**

L'EAU

80 pages d'idées d'activités, de bricolages et de documents passionnants sur un sujet d'actualité : L'eau, élément universel ; L'eau, milieu de vie ; L'eau, porteuse d'énergie ; L'eau, jeu et plaisir. Fabriquer un bateau à aubes, un orgue à eau, un souffle-bulles, des parfums, un tourniquet arroseur, etc...

Prix : 50F + port 5F = **55F**

Spécial FESTIVAL ANIMAUX

Une sélection des meilleurs reportages, documents et activités sur ce thème parus dans Gullivore : Les gorilles - Les marmottes - Le morse, cheval de mer - L'oeuf - La chouette effraie - Le lièvre - Les bébés animaux (Ovipares ou Vivipares) - Les papillons.

Prix : 30F + port 5F = **35F**

BON DE COMMANDE

► **Je désire recevoir les ouvrages suivants :** (faîtes des ☒)

Nbre d'ex.		*Prix*
☐	Jeux et Activités	**35 F**
☐	L'eau	**55 F**
☐	Festival Animaux	**35 F**
☐	Cuissons gourmandes	**45 F**
☐	Mécaniques	**45 F**
☐	Fêtes	**55 F**
☐	Marionnettes	**60 F**
☐	Préhistoire	**55 F**
☐	Electromagnétisme	**50 F**
☐	J'imprime	**50 F**

► **Je joins un chèque de** .... **F à l'ordre des Francas.**

Nom-Prénom ....

Adresse ....

....

Code postal └┴┴┴┴┘ Ville ....

retourner à : **FRANCAS-Editions - 10, rue Tolain - 75020 PARIS**

CUISSONS GOURMANDES

Des curiosités ethnologiques alternent avec une présentation de différents aliments. Des propositions d'activités (construire des fours, des grills, cuire sous la cendre, faire du beurre...), des recettes variées et naturelles (pain, pizza, laitage, oeufs, poisson, légumes, fruits, fleurs, miel, etc...).

Prix : 40F + port 5F = **45F**

MÉCANIQUES

Les grands principes de la physique et de la mécanique (pesanteur, mouvement, force, temps...) découverts et appliqués grâce à 24 réalisations passionnantes (culbutos, téléphérique, hélice volante, pantographe, catapulte romaine, sulky, karts, tourniquet arroseur, clepsydre...)

Prix : 40F + port 5F = **45F**

FÊTES

Enfin réédité ! Une foule de propositions d'activités variées (décoration, jeux, cadeaux, costumation, friandises, lumières...) pour tous les moments qui marquent l'année (Noël, les Rois, Mardi-Gras, Pâques, la Fête des Mères, les kermesses...).

Prix : 50F + port 5F = **55F**

MARIONNETTES

Réédition 91 ! Fabriquer des marionnettes à gaine, à tringle, à fils, à bâtons. Ombres chinoises. Théâtres de table, Castelets... Et une foule d'idées pour concevoir et réaliser des spectacles réussis : mise en scène, décors, scénario, textes...

Prix : 55F + port 5F = **60F**

PRÉHISTOIRE

Sur les traces des Magdaléniens (-13 000 ans). Découvrir leurs outils, tailler des silex, fabriquer des armes, construire une tente. Découvrir le feu, dépouiller des bêtes, tanner leur peau... et en même temps, s'initier à l'archéologie et à ses techniques.

Prix : 50F + port 5F = **55F**

ÉLECTROMAGNÉTISME

Construire des boussoles simples, des jeux à partir d'aimants, des bateaux à piles, un filicoupeur, une lampe à incandescence, une sonnette, un téléphone, un piano à bouteilles, une mini-centrale sur une chute d'eau... Comprendre grâce aux textes et documentaires.

Prix : 45F – port 5F = **50F**

J'IMPRIME

Découvrir les techniques d'imprimerie grâce à de nombreuses indications de base (lettres, couleurs, procédés...); connaître des techniques (linogravure, gravure sur plâtre, le pochoir, la sérigraphie); réaliser une affiche, une carte d'invitation, un véritable journal...

Prix : 45F + port 5F = **50F**

1 JEU D'OBSERVATION	# JEUX DE KIM TOUS LIEUX	8-10 ANS 10 JOUEURS MAXI

Degré de participation : jeu individuel ou jeu collectif où tout le monde participe

Famille de jeu : Performance individuelle – 1 contre 1 ou équipe contre équipe.

But du jeu : Reconnaître des objets, des bruits, des odeurs et les nommer.

Règle fondamentale : Les joueurs doivent faire appel à leurs différentes mémoires (auditive, tactile, visuelle, etc...) pour reconnaître les objets.

Déroulement : *Kim vue :* les joueurs sont réunis autour d'une table. Pendant un certain temps on découvre une série d'objets qu'ils doivent observer. Puis on cache. Les joueurs doivent retrouver oralement ou par écrit tous les objets qui ont été montrés.

Kim-toucher : on fait passer entre les mains des joueurs ayant les yeux bandés, différents objets à reconnaître (objets facilement identifiables ou pièces de monnaie de valeurs différentes et dont il faut faire la somme).

Kim-goût – Kim-odorat : toujours yeux bandés, les joueurs doivent goûter ou sentir des produits différents.

Kim-bruit : les joueurs sont placés dos au meneur qui, caché derrière un écran, leur fait écouter des bruits différents qu'ils doivent reconnaître (faire craquer une allumette, faire couler de l'eau, etc.).

Intérêt éducatif : Développement des sens.

Perfectionnement : Tout ce qui permet d'entraîner ses sens et d'entraîner sa mémoire.

Matériel :
Prévoir des objets facilement identifiables.
Pour les pièces de monnaie, varier les tailles.

Menée : ne pas laisser un enfant avec les yeux bandés trop longtemps.

2 JEU D'OBSERVATION	CACHE-TAMPON TOUS LIEUX	6-8 ANS 5 À 10 JOUEURS

Degré de participation : tous les joueurs sont très sollicités puisqu'ils doivent trouver un objet caché par les autres joueurs

Famille de jeu : Un contre tous

But : Trouver l'objet caché (tampon)

Règles fondamentales : Découvrir un objet de petite taille connu de tous les enfants et caché dans un espace bien déterminé.

Déroulement : Le meneur cache l'objet (que l'on appelle alors tampon) dans l'espace préalablement délimité.

Les joueurs cherchent alors le tampon.

Celui qui le trouve peut le cacher à son tour et le jeu continue.

Intérêt éducatif : Développement du sens de l'observation.

Matériel : un objet de petite taille, connu de tous.

Menée :
. veiller à ce que l'objet soit connu de tous les enfants
. préciser au départ si l'objet caché doit être ou non visible
. veiller à ce que le jeu, par sa durée, n'engendre pas la lassitude des enfants.

3

JEU D'OBSERVATION

TU BRULES

TOUS LIEUX

7-10 ANS
10 À 20 JOUEURS

Degré de participation : forte attention du joueur qui cherche — pas d'effort physique — peu de participation du groupe qui est spectateur de la recherche de leur camarade

Famille du jeu	jeu d'observation type cache-tampon — tous contre un
But du jeu	un joueur doit trouver un objet caché par les autres dans un espace donné
Règle fondamentale	un objet de petite taille est caché par le meneur avec la complicité du groupe. Le chercheur essaie de le trouver aidé par les commentaires du meneur.
Déroulement	le meneur cache le tampon avec la complicité du groupe d'enfants. Il fait entrer dans le jeu l'enfant qui était isolé pendant la dissimulation du tampon. L'enfant commence alors la recherche de l'objet. le meneur l'aide par ses commentaires : «tu brûles» (lorsque le joueur est sur le point de trouver) «tu as chaud» «c'est tiède» «c'est froid» «c'est glacé» (lorsque le joueur est très éloigné du tampon) quand l'enfant a trouvé le tampon, il réintègre le groupe et le meneur désigne un autre chercheur.
Intérêt éducatif	développer l'attention et la réflexion de l'enfant
Perfectionnement	individuel : affinage de l'organisation de la recherche chez le chercheur et des nuances du commentaire chez le meneur.

Matériel : tampon (petit objet)

Menée :

— bien isoler le chercheur

— bien nuancer les commentaires

— la participation du groupe spectateurs se limitant surtout à la complicité avec le meneur, les spectateurs auront envie de donner leurs propres commentaires : il faudra veiller à contenir ces commentaires qui peuvent dérouter le chercheur.
On peut grouper les spectateurs autour du meneur et les associer discrètement aux commentaires.

—éviter de laisser le chercheur en butte aux moqueries de ses camarades spectateurs en cas d'échec.

Variantes

«museguidac» : le déroulement du jeu est identique au précédent mais les commentaires parlés du meneur sont remplacés par une chanson chantée par le groupe dont on varie l'intensité, le maximum étant atteint lorsque le chercheur est sur le point de trouver.

le chant peut être remplacé par une bande magnétique ou un disque dont on fait varier le volume.

Menée :

. choisir un chant que tout le monde connaît
. choisir un chant bien rythmé
. arrêter le jeu avant que la lassitude ne gagne les enfants

4

JEU D'OBSERVATION

LE FURET

TOUS LIEUX

6-8 ANS
8 À 10 JOUEURS

Degré de participation : tout le monde participe ; cependant, le jeu doit se dérouler dans le calme.

Famille de jeu : Jeu d'observation – tous contre un.

Formation : Joueurs assis en cercle.

But du jeu : Trouver dans quelle main est l'anneau.

Règle fondamentale : Le jeu s'appuie sur un chant :
«Il court, il court le furet, le furet des bois Mesdames
Il court, il court le furet, le furet des bois jolis
Il est passé par ici, il repassera par là – Qui l'a ? ...»
Le joueur doit dire dans quelle main se trouve l'anneau lorsque l'on arrive sur «qui l'a ?...»

Déroulement : Placer les enfants en cercle et écarter un joueur de quelques pas. Faire passer un fil avec un anneau entre les mains des joueurs assis en cercle.
L'anneau commence à circuler de main en main en suivant le rythme du chant. Le joueur écarté revient au centre du cercle, observe et essaie de suivre des yeux le parcours de l'anneau. Il doit désigner celui qui possède l'anneau après qu'on ait dit «qui l'a ? ...» S'il trouve celui qui l'a, ce dernier prend sa place et le jeu continue.

Intérêt éducatif : Développer le sens d'observation de l'enfant.

Perfectionnement : Le joueur qui cherche, doit observer avec une attention toute particulière et se concentrer sur cette recherche. Il ne doit pas tomber dans le piège que peuvent lui tendre les autres en faisant des gestes susceptibles de le tromper.

Matériel : un objet qui peut glisser sur une ficelle
Une ficelle assez longue.

Menée : rôle important du meneur pour le démarrage du chant.

Veiller à la régularité des gestes pour la circulation de l'anneau,

faire respecter le rythme du chant,

commencer par un rythme lent et l'accélérer progressivement lorsque le mécanisme est acquis par tous les participants.

Affinage du sens du rythme pour les joueurs faisant circuler l'anneau et qui doivent faire le même geste sur le même temps calqué sur le chant.

Variante :

Variante A : les joueurs sont assis en cercle, les mains derrière le dos. Un joueur s'écarte du cercle. L'anneau commence à circuler de main en main derrière le dos. Après «qui l'a ?», le joueur observateur désigne l'enfant qui a l'anneau.

La bague variante B : un joueur «A» a une bague entre ses mains. Il passe auprès des autres alignés et feint de remettre la bague à chacun d'eux. Le joueur B est observateur et son rôle est de deviner qui a reçu la bague.

5
JEU D'OBSERVATION

PARCOURS ANOMALIES

EXTÉRIEUR : FORÊT

8-10 ANS
5 À 30 JOUEURS

Degré de participation : tout le monde participe mais le jeu est calme.

Forme du jeu : jeu d'observation – individuel ou par équipe

But du jeu : découvrir un maximum d'anomalies

Règle fondamentale : retrouver les anomalies glissées par le meneur sur un parcours, sans les déplacer, ni les faire remarquer.

Déroulement : Le meneur a disposé, à l'insu des joueurs, des objets, le long d'un parcours déterminé (sentier ou parcours artificiel). Les joueurs parcourent le chemin et notent au passage les objets anomalies. A la fin du parcours, ils remettent la liste de leurs constatations. Ceux qui ont trouvé le plus d'anomalies ont gagné.

Intérêt éducatif prioritaire : exercice d'observation et d'application permettant à l'enfant de montrer son esprit critique fondé sur les observations précises d'un terrain. Permet également l'organisation d'une recherche.

Perfectionnement : L'enfant, par l'observation attentionnée d'un milieu, peut découvrir ce milieu et acquérir des connaissances nouvelles (par exemple dans l'observation de la nature). Ce jeu permet un développement de l'esprit critique et un essai de recherche méthodique.

Matériel : différents objets insolites pour les lieux

Menée :

– répartir s'il y a lieu, les joueurs en équipes
– veiller à ce que les objets ne soient pas déplacés
– donner aux joueurs le nombre d'objets déposés, permettant ainsi une organisation de la recherche
– il est nécessaire d'effectuer une fois le parcours lorsque les objets n'y sont pas afin d'éviter des listes d'objets anormaux mais qui n'ont pas été déposés (on trouve souvent des dépôts d'ordures en forêt)

Variante	*vitrine-anomalies :* extension du parcours-anomalies à une rue ou à une ville, avec l'aide des commerçants qui placeront des anomalies dans leurs vitrines.	

6 JEU DE REFLEXE	# JACQUES A DIT TOUS LIEUX	7-10 ANS GROUPE

Degré de participation : Tous les joueurs sont concernés jusqu'à ce qu'ils soient pénalisés

Famille du jeu : jeu d'attente et de réflexe — *formation* en cercle.

But du jeu : exécuter le commandement du meneur dans un temps extrêmement bref

Règles Fondamentales le meneur ordonne aux joueurs d'exécuter différentes actions (ex. se lever, s'asseoir, sauter, lever la main droite...) lorsque son ordre est précédé de la phrase «Jacques a dit», les joueurs doivent s'exécuter sinon ils poursuivent l'action qu'ils avaient commencée.

Matériel : aucun

Menée :

c'est un excellent jeu de transition et de prise en main car il peut devenir un jeu d'ordre si les enfants ont l'habitude de le jouer.

le meneur doit aller assez vite pour tromper les joueurs.

ce jeu sera joué très peu de temps avec les enfants, sinon il devient lassant.

7

JEU DE REFLEXE

PIPERLET

TOUS LIEUX

7-10 ANS
GROUPE

Degré de participation : Tous les joueurs sont concernés jusqu'à ce qu'ils soient pénalisés – aucun effort physique

Famille du jeu : jeu d'attention et de réflexe – un contre tous – **formation :** les joueurs et le meneur sont assis en cercle.

But du jeu : Exécuter le commandement du meneur dans un temps extrêmement bref

Règles fondamentales : Les joueurs et le meneur font le mouvement d'un roulement de tambour en frappant régulièrement sur leurs genoux avec leur doigt (l'index) et en répétant «Piperlet, piperlet, piperlet... etc...»

Au commandement du meneur :

«plat» les joueurs arrêtent et placent leurs mains à plat, paumes sur les genoux

«dos» même chose mais la paume en l'air

«poing» même chose mais les poings fermés

«pamof» les joueurs lèvent les deux bras, mains ouvertes

Déroulement Le meneur intercale à son gré les ordres entre les «piperlet». Il peut aussi donner plusieurs ordres à la suite.

Les joueurs qui se sont trompés sont éliminés (par ex. ils s'assoient par terre). Le gagnant est alors le dernier joueur restant. On peut aussi compter un point : au bout d'un certain nombre de points (5 par exemple) on donne un gage au joueur.

Intérêt éducatif : Développement de l'attention et des réflexes

Perfectionnement : Individuel : les joueurs s'apercevront qu'ils ne doivent pas regarder ce que *fait* le meneur mais faire ce qu'il *dit.*

Matériel : aucun

Menée : c'est un jeu de prise en main qui doit être mené par le moniteur

– le jeu doit être mené très vite pour ne pas devenir lassant pour les joueurs éliminés

– les ordres doivent être introduits de façon astucieuse et c'est par des séries régulières que le meneur trompera plus facilement.

– le meneur au départ fait des gestes correspondant à ses ordres puis il complique le jeu en faisant lui-même des gestes inadaptés.

8

JEU DE REFLEXE

PIGEON VOLE

TOUS LIEUX

6-9 ANS
GROUPE

Degré de participation : Tous les joueurs sont directement concernés — aucun effort physique

Famille du jeu :

Jeu d'attention et de réflexe — un contre tous. **Formation :** les joueurs et le meneur sont assis en cercle ou les joueurs côte à côte, face au meneur.

But du jeu :

Donner la réponse exacte dans un temps extrêmement bref.

Règles Fondamentales :

Le meneur prononce des mots associés au mot «vole» (oiseau-vole, souris-vole, pigeon-vole).
On peut se limiter dans le choix des mots à des oiseaux, des animaux ou n'importe quel objet (le préciser au départ)

Déroulement :

Les joueurs lèvent le bras quand l'animal cité vole et laissent le bras baissé s'il ne vole pas.
Quand un joueur se trompe, on peut :

. l'éliminer : le gagnant est alors le dernier joueur restant
. compter un point : au bout d'un certain nombre de points (5 par ex.) on donne un gage au joueur

Le gagnant peut remplacer le meneur
Les joueurs peuvent en plus prononcer le mot «vole» en levant le bras ; naturellement, avoir parlé par erreur, même sans lever le bras équivaut à avoir perdu.

Intérêt éducatif :

rapidité — réflexe — connaissance
les joueurs doivent connaître l'animal ou l'objet cité mais avant tout, ils doivent résister à la tentation d'imitation.

collectif : la complication de la règle devra être progressive. D'abord uniquement lever le bras, puis ensuite lever le bras en parlant.

Matériel : aucun

Menée :

. le meneur doit aller suffisamment vite mais parler toujours distinctement.

. le meneur trompera plus facilement les joueurs s'il présente des séries régulières rompues à certains moments par l'objet exception, s'il parle d'une façon convaincue et fait le geste de lever le bras parfois à tort, parfois à raison.

. faire attention de terminer le jeu avant une trop grande baisse d'attention.

Perfectionnement :

Les premières fois où le groupe jouera à Pigeon-Vole, le moniteur aura intérêt à toujours mener. Ce n'est que lorsque les enfants seront habitués qu'à leur tour ils pourront devenir meneurs, ce qui représente un intérêt supplémentaire.

Jeux du même type :

Piperlet, dans la mare — sur la rive, les contraires, Jacques a dit, etc...

9 LES CONTRAIRES

JEU DE REFLEXE

TOUS LIEUX

9-13 ANS
GROUPE

Degré de participation : 2 participants, le reste des enfants est spectateur.

Famille de jeu : Jeu spectaculaire et de réflexe – un contre un. **Formation** : 2 joueurs face à face.

But du jeu : Faire le contraire du meneur

Règle fondamentale : Soit A le meneur, B en face de A

quand A se lève, B s'asseoit et inversement

quand A a le chapeau à la main, B le met sur la tête et inversement

Déroulement : on commence à mener le jeu en faisant l'un ou l'autre geste (chapeau ou chaise) puis lorsque ceux-ci sont compris, on les conjugue.

Ex. A est debout chapeau sur la tête – B est assis chapeau à la main

A s'asseoit et prend le chapeau à la main – B doit se lever et mettre son chapeau sur la tête

Intérêt éducatif : Développement de l'attention et des réflexes.

Matériel : une chaise
un chapeau

Menée : jeu souvent employé comme transition entre deux autres jeux.

A doit d'abord laisser son vis à vis réussir en allant très lentement, puis en accélérant le rythme.

Le meneur doit arriver pour perdre B à faire exactement les mêmes gestes que lui.

Ce jeu est difficile à mener car tous les enfants veulent jouer.

Ne pas le faire durer trop longtemps.

10 JEU DE REFLEXE

DANS LA MARE SUR LA RIVE

TOUS LIEUX

6-9 ANS
10 À 15 JOUEURS

Degré de participation : Tous les joueurs participent

Famille de jeu :	Un contre tous - **Formation :** debout autour du cercle	**Matériel :** une craie pour tracer un cercle sur le sol.
But du jeu :	Exécuter le commandement du meneur dans un temps extrêmement bref.	
Règle fondamentale :	Le meneur du jeu donne les ordre. «dans la mare» : tout le monde saute à pieds joints à l'intérieur du cercle «sur la rive» : tout le monde retourne sur la rive en sautant à pieds joints.	**Menée :** le meneur du jeu est au centre du cercle. mener lentement au début puis accélérer le rythme.
Déroulement :	Si les joueurs sont déjà «dans la mare» et que le meneur ordonne «dans la mare», ils ne bougent pas. De même pour «sur la rive». On ne bouge pas également aux commandements «sur la mare» Les fautes sont : sauter à l'envers, trop tarder à sauter, sauter ou bouger à tort (plier les genoux, se mettre sur la pointe des pieds).	Deux façons sont possibles pour tromper les joueurs : Série «dans la mare» 5 ou 6 fois de suite, puis «sur la rive» Alternance «dans la mare» «sur la rive» puis donner deux fois de suite le même ordre. On peut également jouer sur l'intonation.
Intérêt éducatif :	Développement de l'attention et des réflexes.	
Variantes :	1. Au lieu de le faire en cercle, on le fait de part et d'autre d'une ligne artificielle ou naturelle (bord d'un chemin, ligne de marque sur un terrain, etc...) 2. Nord-Sud-Est-Ouest : les joueurs sont debout. Sur ordre du meneur, ils se tournent face au point Cardinal cité.	

11

JEU DE REFLEXE

PINOCCHIO

TOUS LIEUX

6-9 ANS
GROUPE

Degré de participation : Tous les joueurs participent

Famille de jeu : chacun pour soi

Formation : debout dans un espace limité

Matériel : aucun

But du jeu : «écraser» le pied de son voisin

Règle fondamentale : chaque joueur se déplace à son tour sur le rythme Pi-no-cchio.

à «cchio» et en respectant le rythme, il cherche à «écraser» le pied d'un joueur voisin. Celui-ci, bien entendu, essaie d'éviter l'attaque.

Déroulement : un premier joueur est désigné. Il se déplace selon les indications précédentes. S'il réussit, le joueur touché prend sa place ; s'il échoue, il continue.

Menée : la présence d'un meneur n'est pas indispensable. Le moniteur peut conseiller ou arbitrer, mais surtout joue avec...

Intérêt éducatif : recherche de coordination

12

JEU DE REFLEXE

LA MAIN CHAUDE

TOUS LIEUX

9-13 ANS
2 JOUEURS

Degré de participation : Chacun participe à son rythme

Famille de jeu : chacun pour soi — jeu de défi

But du jeu : faire mieux que son adversaire

Règle fondamentale : chacun attaque et esquive à tour de rôle

Déroulement : un joueur présente ses deux mains en avant, paumes vers le ciel. Son adversaire place les siennes au-dessus et cherche à frapper le plus de fois possible.

dès qu'il échoue, les rôles sont inversés.

Intérêt éducatif : développement des réflexes

Variante : le jeu peut se structurer pour aboutir à un jeu plus collectif (type «la soupe»)

exemple : on joue par équipe = chaque membre d'une équipe va défier un joueur d'une autre équipe. Le perdant est fait prisonnier (la suite à imaginer...)

Matériel : aucun

Menée : chacun compte ses points. La présence d'un meneur n'est pas indispensable sauf pour organiser éventuellement un tournoi.

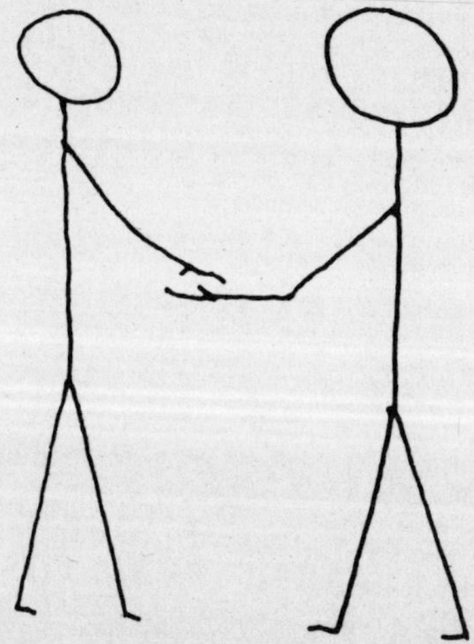

13

JEU DE REFLEXE

JEUX DE DOIGTS

TOUS LIEUX

4-9 ANS
2 À 6 JOUEURS

Degré de participation : Jeux à deux ou jeux par petits groupes (2 à 6).
Les jeux de doigts permettent et favorisent la performance individuelle.

Famille de jeu : Jeu de prouesse individuelle

Règle fondamentale : Avec ses doigts, avec sa bouche, réussir une performance plus souvent que le ou les adversaires

Déroulement :

Pair – Impair (2 joueurs)
Main droite derrière le dos, les joueurs ont la parole à tour de rôle et annoncent au choix pair ou impair (*). A l'annonce, les joueurs découvrent ensemble leur main en présentant 1, 2, 3, 4 ou 5 doigts. Si le total des doigts correspond à l'annonce du joueur, c'est gagné. Sinon, c'est perdu et c'est l'adversaire qui marque le point.

*) La désignation «pair» ou «impair» peut être imposée au départ.

La Mora (2 joueurs)
Bras plié, main fermée, les joueurs abaissent ensemble le bras en montrant 0, 1... ou 5 doigts et annonçant un nombre de 0 à 10. A gagné celui dont le total annoncé s'approche le plus du total effectif des doigts montrés par les 2 mains.

Ran Tan Plan (2 joueurs)
Ran tan plan. Combien le loup a-t-il de dents, prononce l'un des joueurs en frappant le dos de l'adversaire sur le rythme de la comptine. Sur le mot «dents», il s'arrête en *appuyant* 0. 1. 2. 3. 4. ou 5 doigts (pointe du doigt sur le dos de l'adversaire. Celui-ci doit annoncer le nombre de doigts appuyés. Gagné, on inverse les rôles. Perdu, on recommence.

JEU *Pomme de Reinette* (2 à 6 joueurs)

Tous les joueurs disposent leurs deux poings serrés sur la table. Le meneur frappe sur tous les poings en chantant la comptine :

Pomme de reinette et pomme d'api
Tapis, tapis rouge
Pomme de reinette et pomme d'api
Tapis, tapis gris,
C'est sur mon âne que je m'installe
C'est à Paris que je vends mes fruits.

Au mot «fruit», le joueur frappe plus fort sur le poing du joueur où il est arrivé. Le poing frappé est éliminé.
Le jeu consiste pour les joueurs à savoir retirer leurs poings à temps pour ne pas être éliminé.
Gagne le joueur qui a réussi le dernier à garder son ou ses poings saufs.

Matériel :

1 table

JEU *La Baleine et le Cachalot* (2 à 6 joueurs)

Les joueurs disposent leurs deux mains à plat sur la table.
Le meneur frappe sur chaque main des joueurs en chantant :
«La baleine, le cachalot, attention à vos petits doigts, elle va vous les écraser».

Au mot «écraser», comme au jeu précédent, le meneur frappe plus fort sur la main du joueur qu'il trouve. La main touchée est éliminée. Le jeu consiste à savoir retirer sa main à temps.
Gagne le dernier joueur qui a réussi à garder sa ou ses deux mains.
Note : Il existe quantité de variantes de la comptine par ex. :

ah la baleine qui tourne qui vire dans son joli petit navire
prenez garde à la baleine car la baleine vous mangera
Un doigt.

1 table

Menée : l'animateur joue avec les enfants

ces jeux se transmettent d'enfants à enfants. Éventuellement, l'animateur introduit un nouveau jeu.

Intérêt éducatif :

Maîtrise de la motricité fine et des réflexes physiques et intellectuels

1

JEU DE SOCIETE

LES METIERS

TOUS LIEUX CALMES

6-10 ANS
8 À 12 JOUEURS

Degré de participation : Deux joueurs ont un rôle très important. Ce sont eux qui mènent le jeu en s'adressant aux autres dont seules l'attention et la réflexion sont sollicitées de façon active.

Famille de jeu : Tous contre deux. Jeu de connaissance du milieu.

But : Trouver le métier choisi par les 2 joueurs qui se sont isolés.

Règle fondamentale : Les deux joueurs qui sont sortis ne répondent que par oui ou par non aux questions qui leur sont posées.
Celui qui trouve le métier remplace l'un des deux joueurs.

Déroulement : Deux joueurs sortent du groupe. Ils choisissent en secret un nom de métier. Ils reviennent dans le groupe et annoncent la première et la dernière lettre du nom de métier qu'ils ont choisi.

Les autres joueurs proposent des noms de métier commençant et se terminant par les lettres indiquées. Les deux joueurs sortis répondent par oui ou par non.

Quand un joueur a deviné le nom du métier, il remplace l'un des deux joueurs qui l'avait choisi. Pour cela il y a plusieurs possibilités :

- les deux joueurs sont remplacés à tour de rôle
- ou bien chacun des deux joueurs choisit en secret un nom de fruit, de fleur ou de voiture, ou... plus un troisième nom qui sera le pot.
  Ils proposent ces trois noms à celui qui a découvert le nom du métier et lui demandent de choisir. Le gagnant choisit un autre nom de métier avec celui qui a pris le nom de fleur, fruit, voiture,... ou bien reste s'il a choisi le nom qui était pour le pot. Les deux mêmes joueurs ressortent alors.

Matériel : néant

Menée :

— Ce jeu est calme. Il présente de nombreux temps morts. On ne peut l'imposer aux enfants. On le proposera à des volontaires (pendant des activités de libre choix par ex.)

— Attention au choix des noms de métier. Le moniteur aura intérêt, pour éviter toute contestation inutile :
* soit à être l'arbitre : il connaît le métier choisi et accepte ou non qu'il soit mis en jeu.
* soit à être l'un des joueurs qui choisissent le nom du métier.

— Avec les enfants assez jeunes se posera aussi le problème de l'orthographe. Là aussi le rôle du moniteur sera d'empêcher les erreurs rendant le jeu injouable.

— il est important de vérifier qu'il n'y a pas de tricherie avec l'introduction du nom qui sera le pot, les deux joueurs s'arrangeant pour mettre le gagnant dans le pot systématiquement.

CAMIDEF

	– ou bien, les deux joueurs dès que le nom est trouvé, se sauvent pour se réfugier derrière une ligne située à environ 20 m. Le gagnant les poursuit et remplace celui qu'il touche.	Attention à la disposition et au lieu où se déroule le jeu. Difficile en salle.
Intérêt éducatif :	Ce jeu est avant tout un jeu d'érudition verbale, mais il fait en plus appel dans certains cas ou variantes, à une expression corporelle (de façon limitée) ainsi qu'à la mémoire.	
Perfectionnement :	*Individuel :* Très rapidement les joueurs consultent d'eux mêmes le dictionnaire (en dehors des moments de jeu) afin de trouver de nouveaux métiers, leurs définitions et leurs gestes caractéristiques.	Le dictionnaire peut devenir un juge pour l'arbitrage du jeu en cas de contestation entre les joueurs.
	Collectif : – Organisation du groupe pour poser des questions – Élaboration d'un mime à plusieurs membres	Insister pour que chacun profite des réponses à ses questions mais aussi des réponses faites aux questions des autres, donc pour que les enfants s'écoutent les uns les autres.
Variantes : Peuvent être introduites au cours d'un même jeu. Si personne ne trouve on ajoute le mime, puis le nombre de lettres, les questions et en tout dernier lieu, le cri.	A – Chaque joueur à son tour pose trois questions et propose un nom et ceci jusqu'à ce que le nom soit trouvé.	Moyen d'aider le groupe à écouter les autres.
	B – Le nombre de lettres du nom de métier est donné en plus des première et dernière lettres.	Le jeu est plus facile
	C – Le métier est animé	Veiller à la qualité du mime, à sa représentativité
	D – Les deux joueurs s'éloignent de quelques pas du groupe et prononcent le nom du métier en se tapant sur la bouche avec la main.	Attention à ce que ce soit une véritable aide pour les participants et non un handicap.

15

JEU DE SOCIETE

LE MARCHAND DE COULEURS

EXTÉRIEUR

6-9 ANS
8 À 12 JOUEURS

Degré de participation : Rôle très actif pour le diable, le marchand, puis pour la couleur choisie. Jeu spectaculaire pour les autres joueurs.

Famille de jeu	Un contre un. Jeu d'esquive.	**Matériel :** néant
But du jeu :	Le diable va essayer de toucher une couleur Les couleurs doivent éviter d'être touchées.	**MENÉE :**
Règles fondamentales :	Au signal (mots dits par le diable) la couleur essaie de gagner la maison du diable, puis d'en revenir sans être touchée par le diable.	Formation :
Déroulement	Les enfants choisissent pour commencer le diable et le marchand – le diable va dans sa maison (à 10 mètres environ des autres joueurs) – le marchand fait face aux autres joueurs alignés (sur une «étagère») – chaque joueur choisit une couleur différente des autres joueurs et l'indique à l'oreille du marchand – le diable arrive et frappe trois coups dans le dos du marchand	**Attention :** Ce n'est pas un jeu foncier. Si le diable a échoué plusieurs fois, il est plus ou moins fatigué ; la couleur qui doit se sauver n'est pas échauffée physiquement, donc la distance à parcourir doit être assez courte.
	Le marchand : – qui est là ? Le diable : – c'est le diable à 36 cornes (il saute sur le dos du marchand) Le marchand : – que voulez-vous ? Le diable : – des couleurs (il descend du dos du marchand) Le marchand : – laquelle voulez-vous ? Le diable : – du vert	– Pour commencer, il est utile que ce soit le moniteur qui soit le marchand afin d'équilibrer les chances du diable et celles de la couleur. Il peut le rester toute la partie si c'est nécessaire pour la bonne conduite du jeu. – l'intérêt du jeu tient en grande partie au dialogue. Il faut donc que celui-ci soit respecté et joué de façon vivante.
CAMIDEF	Le marchand : – Je n'en ai pas (si personne n'a choisi le vert)	

Le diable : – alors, donnez-moi... du jaune

Le marchand : – j'en ai

Le diable : – A quel étage ?

Le marchand choisit l'étagère (par exemple la troisième). Il demande au diable : – La troisième ? Préférez-vous l'huile ou le vinaigre ?

Le marchand prend le diable par la main et le fait tourner 3 fois (troisième étagère) autour de lui :

Si le diable a choisi l'huile, il le fait tourner doucement
Si le diable a choisi le vinaigre, il le fait tourner très vite

Le diable : – Combien vous dois-je ? (A ce moment, la couleur choisie se sauve vers la maison du diable et essaie d'en revenir sans être touchée par celui-ci).

Le marchand : – 5 francs. Le diable doit taper 5 fois dans la main du marchand, puis il poursuit la couleur pour la toucher.

La réponse au marchand lui permet à ce moment d'équilibrer les chances

* Si la couleur regagne son étagère sans avoir été touchée par le diable, elle devient marchande et le marchand, diable.
* Si la couleur est touchée, elle retourne à sa place et chacun reprend le même rôle.

Attention que la poursuite ne s'éternise pas ou que le diable bloque l'accès de la boutique (au départ de la couleur)

Le jeu reprend. Les joueurs peuvent changer de couleurs

Le choix des couleurs par les enfants est un moyen d'être appelé plus ou moins vite. Mais choisir une couleur trop originale fera que le joueur a très peu de chance d'être appelé.

Intérêt éducatif :

C'est la façon dont le dialogue diable-marchand sera fait qui conditionne en grande partie le jeu. Mais le marchand intervient aussi. C'est donc l'attitude du marchand qui détermine les chances de la couleur face au diable qui bénéficie d'un petit avantage de distance. Mais le diable ne sait pas quelle couleur va partir. C'est donc le marchand qui peut équilibrer les chances.

Perfectionnement :

Individuel seulement : rapidité à partir, parcourir une distance en fonction d'obstacles naturels ou autres (le diable) et de la position de ces obstacles.

Variante :

On peut choisir des noms d'oiseaux ou autres...

16

JEU DE SOCIETE

LA PATTE A COCO

LIEUX OÙ L'ON PEUT S'ASSEOIR

5-7 ANS
12 JOUEURS MAXI

Degré de participation : Tous les joueurs sont concernés surtout si le meneur se déplace rapidement devant eux. Toutefois, ceux qui se trouvent à proximité de lui à la fin de la ritournelle, sont les plus sollicités sur le plan attention.

Famille de jeu : Polichinelle – jeu de réflexe

But :
– Pour le meneur, prendre un autre joueur qui le remplacera
– Pour les joueurs ne pas se faire prendre

Règle fondamentale : Les joueurs assis, balancent bien leurs jambes alternativement suivant le rythme de la comptine.
Le meneur doit attraper une jambe de l'un des joueurs à un moment précis.

Les joueurs balancent les jambes en chantant : «Tu n'auras pas la patte à coco, elle est cachée derrière le rideau».

Le meneur se tient devant les joueurs qui se sont alignés pour le jeu. Ses mains se trouvent au niveau des jambes des joueurs. Au moment où ceux-ci prononcent la dernière syllabe du mot «rideau» le meneur doit saisir une jambe parmi celles qui sont levées.

Si le meneur attrape une jambe, il la tient et force le joueur à descendre du mur pour qu'il prenne la place du meneur.

Si le meneur n'attrape pas de jambe, le jeu recommence.

Matériel : néant

Menée :
Formation : Les joueurs sont assis côte à côte, sur un petit mur, un rebord de fenêtre, etc... les jambes pendantes. Le meneur leur fait face.

Attention ! dès la jambe attrapée, on ne tire pas violemment sinon on risque l'accident. Il faut quand même forcer le joueur assis à descendre, mais pas trop fort.

Cf. fichier «jeux chantés» F.F.C. n° 13

Le meneur peut laisser passer le temps de plusieurs ritournelles avant de saisir une jambe.
Il peut faire des feintes.

C'est un jeu calme. Le moniteur peut être le meneur pour commencer puis continuer suivant la règle du jeu. C'est à lui d'introduire les feintes si les enfants n'en font pas.

CAMIDEF

Intérêt éducatif :	Maîtrise de soi. Coordonner le rythme de la ritournelle avec celui du mouvement des jambes. Ceci tout en surveillant le meneur pour être plus rapide que lui.	C'est ce qui fera l'objet du perfectionnement.

17

JEU DE SOCIETE

LES MOUCHES

EXTÉRIEUR OU GRANDE SALLE

7-10 ANS
8 À 12 JOUEURS

Degré de participation : Le meneur, pour ce jeu, s'adresse successivement à chacun des autres joueurs. Donc, deux joueurs concernés à chaque lancer de balle. Les autres regardent et attendent.

Famille de jeu : Pierre-Paul : les joueurs essaient de prendre la place du meneur
Jeu de réflexe et d'adresse

But du jeu : Posséder le nombre de mouches nécessaire pour prendre la place du meneur

Règle fondamentale : Le meneur lance une balle à un joueur qui l'attrape. Mais le joueur n'écarte les mains que pour attraper la balle effectivement

— les joueurs, assis sur un mur, un rebord de fenêtre, ou debout sont alignés face au meneur qui se trouve à quelques pas.

— les joueurs ont les mains jointes devant eux

— le meneur lance la balle à un joueur. Celui-ci doit attraper la balle au vol, la renvoyer au meneur et tenir ses mains jointes pour ne pas laisser échapper «la mouche» qu'il a ainsi attrapée. S'il ouvrait les mains sans attraper la balle, il perdrait toutes les «mouches» qu'il avait attrapées précédemment. S'il n'ouvre pas les mains, et n'attrape pas la balle, le joueur n'augmente ni ne diminue le nombre de «mouches» en sa possession.

— Chacun compte ses «mouches». Quand un joueur atteint le nombre fixé au départ, il remplace le meneur.

Intérêt éducatif : C'est le réflexe d'attraper la balle à bon escient, sans qu'elle tombe au sol, sans se laisser prendre aux feintes du meneur.

CAMIDEF — Camaraderie Ile de France

Matériel : une balle ou tout autre objet pouvant être lancé et attrapé

Menée :

Formation : les joueurs sont alignés face au meneur.

— c'est un jeu calme. Il ne faut pas, sous peine de le dénaturer le transformer en compétition outrancière.

— veiller à ce que la balle soit envoyée équitablement à tous les joueurs.

— Toutefois, le meneur essaiera de favoriser les plus maladroits et n'enverra pas trop souvent la balle à ceux qui sont sur le point de le remplacer.

— Chaque joueur doit annoncer à voix haute son nombre de «mouches» à chaque fois qu'il est modifié.

Perfectionnement :	Individuel : suivant la force des joueurs, le meneur se tiendra plus ou moins près d'eux. Près s'ils sont forts, loin s'ils ne le sont pas, car la longueur de la trajectoire de la balle correspond au temps de réflexion du joueur qui lui permet d'ouvrir ou non les mains.	Le meneur doit lancer la balle correctement, de façon à ce qu'elle arrive juste dans les mains des joueurs.
Variante :	Le meneur a deux balles	– Attention à la précision du lancer, tout le monde n'est pas ambidextre. – Attention à ce que le jeu ne dégénère pas du fait de l'accélération du rythme que créera la présence de deux balles.

18 LES MARELLES

TERRAIN PLAT

6-10 ANS
2 JOUEURS MINI

Degré de participation : Jeu de prouesse individuelle mettant en présence 2 ou plusieurs enfants. Participation à l'action d'une façon alternative.

Famille de jeu — Jeu de prouesse individuelle – un contre les autres

But du jeu : — Réaliser un parcours le plus rapidement possible en respectant les règles établies.

Règles fondamentales : — Pousser ou lancer un palet de différentes manières selon les types de marelles

Déroulement : — Voir les déroulements de chaque variante

Intérêt éducatif :
équilibre sur un pied
adresse : soit avec la main, soit avec les pieds
coordination motrice

Perfectionnement : *Individuel*
1. développer le sens de l'équilibre
2. répéter le geste pour affiner son adresse
3. ne pas être tendu sur sa jambe de cloche-pied

L'ESCARGOT A

– pousser le palet du pied, dans chacune des cases tout en restant à cloche-pied. A cloche-pied, pousser avec le pied le palet dans chaque case.
– parcourir, aller et retour, l'escargot sans changer de pied, ni faire sortir le palet des cases.
– celui qui a parcouru l'escargot le premier a gagné.
– ne pas changer de pied lorsque l'un des parcours (aller ou retour) est commencé
– si le joueur change de pied, fait sortir son palet, manque une case, il doit s'arrêter et le joueur suivant s'engage. A son tour, il devra reprendre où il s'est arrêté.

Matériel :
– marelles tracées sur le sol (craie)
– palets (boîte, caillou...)

Menée : jeu de tradition enfantine où l'enfant transmettra par le geste ou oralement les règles essentielles. Le moniteur interviendra comme arbitre et tranchera les cas souvent litigieux en jouant avec les enfants.

Les enfants sont en ateliers sur différentes marelles. Le moniteur devra trouver sa place pour aider, arbitrer, trancher, soutenir...

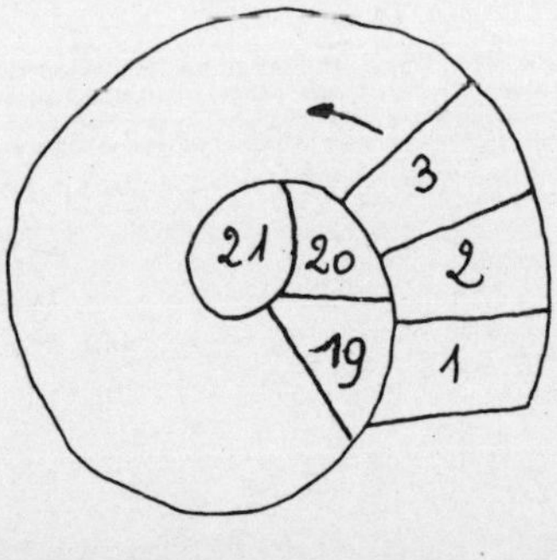

– lorsque le joueur a manqué une case en lançant son palet, il reprendra à la case précédant celle qu'il a manquée.
– lorsque le joueur arrive au centre de l'escargot (N° 21), il peut poser les deux pieds, se reposer un peu et repartir en changeant de pied.

L'ESCARGOT B

– on joue chacun pour soi, contre d'autres
– lancer le palet dans une case quelconque. A partir de ce moment là, le joueur y inscrit son nom ; il peut alors y poser les deux pieds, s'y arrêter.
– un autre joueur fait de même, lance son palet et peut devenir propriétaire d'une case.
– faire le parcours à cloche-pied en sautant par-dessus les cases des adversaires.
– si le palet (lancé à la main) sort de la case visée ou si le joueur saute dans la case d'un concurrent, il passe son tour.
– chaque joueur devient propriétaire de la case visée.
– *tactique :* pour gêner les autres joueurs, il faut que le joueur A demeure propriétaire plusieurs cases consécutives. Les autres sont obligés de faire des sauts plus difficiles.

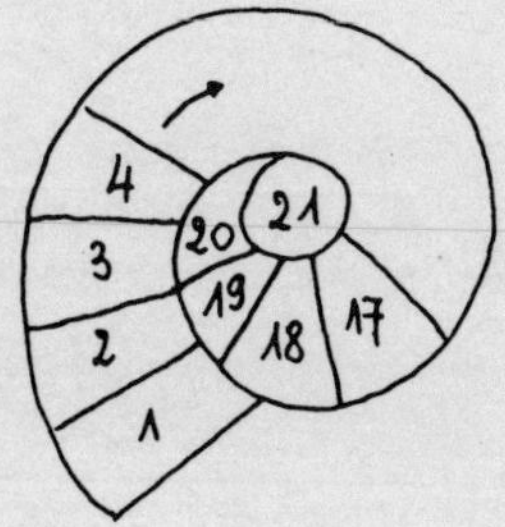

Variante : Le joueur tourne le dos à la marelle et lance le palet en arrière

MARELLE DES NOMS

– Effectif : 4 ou 5 joueurs maximum
– Réaliser un parcours sans faute : le déplacement est rendu plus difficile par un rythme dans les figures
– Pousser le palet dans la case n° 1, la sauter et arriver en 2 à cloche-pied puis en 3. Mettre un pied dans la case 5 sur un pas chassé : le pied droit passe de 5 au 4. Le pied gauche est alors en 5. Sur un pas enroulé à droite (pied gauche devant pied droit) le pied gauche passe dans la case 5 ; le pied droit se pose dans la case 6.

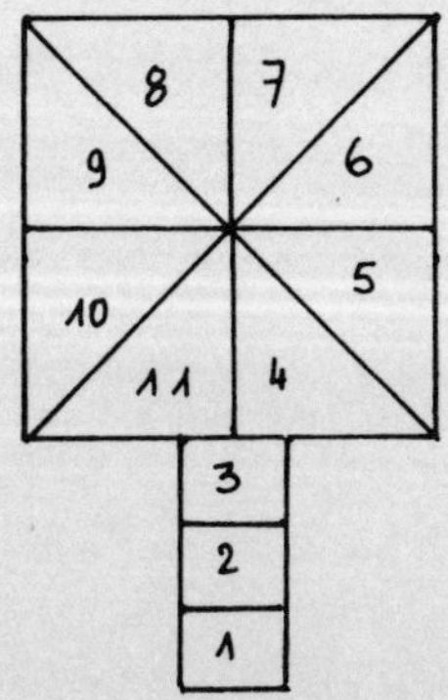

LES MARELLES

TERRAIN PLAT

– Sur les pas chassés à gauche, on revient d'une case en arrière (le pied droit se pose). Sur les pas enroulés à droite, on avance d'une case. Le pied droit se pose sur la case voisine. On effectue le tour du carré. Puis, sauter à cloche-pied dans les cases 3 & 2. Ramasser le palet et sortir. Recommencer en partant du 2 et ainsi de suite jusqu'à la case 11, puis case 10, 9, 8, etc...

Sous-variante :

A chaque pas dans le carré, dire un nom de garçons, de filles, de fleurs, suivant la décision commune prise au début du jeu.

Le jeu est ainsi plus compliqué et exerce la rapidité de pensée des joueurs.

Il est bon que le moniteur montre aux joueurs le pas et les fasse jouer un coup pour rien.

Cette marelle a l'avantage d'associer à un jeu d'habileté et d'équilibre un pas de danse rythmé.

MARELLE CROISÉE

Sans palet

1. aller de A en B puis en 1 à cloche-pied
2. aller en 2 à pieds joints
3. revenir en 1 à cloche-pied
4. aller de 1 en 3 à pieds joints (en sautant la case 2)
5. revenir en 2 à cloche-pied
6. aller de 2 à 4 à pieds joints (en sautant la case 3)
7. ...

Variante :

1. Utiliser un palet. Dans ce cas, on saute par-dessus la case dans laquelle se trouve le palet.
2. Si on joue à plusieurs, un tour complet réussi donne droit à une «colonie» ; les autres joueurs ne doivent pas y poser le ou les pieds.

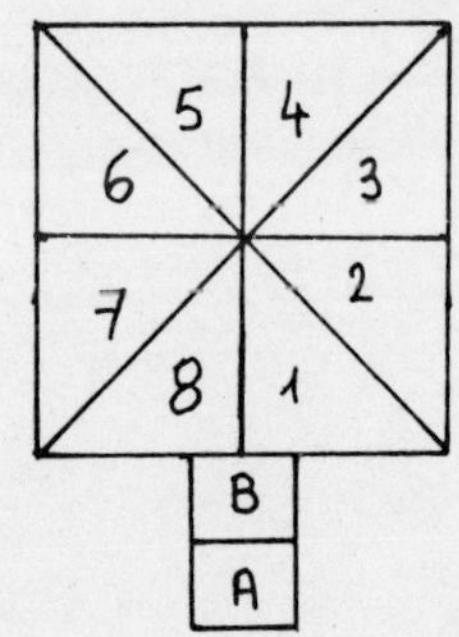

20 LES MARELLES

10-14 ANS
6 JOUEURS

INTÉRIEUR

LA MARELLE AUX CHAISES

Formation

2 équipes de 3 joueurs numérotés de 1 à 3.
2 équipes A et B

But

Suivant l'ordre choisi, les joueurs désignés de chaque équipe vont se déplacer jusqu'à ce que les 3 coéquipiers soient alignés verticalement, diagonalement ou horizontalement.

Règle fondamentale

Le n° 1 de la première équipe A prend place sur l'une des chaises ensuite le n° 1 de l'équipe B sur une autre chaise ; puis le n° 2 de A et le n° 2 de B le n° 3 de B. Au début c'est le meneur de jeu qui appelle les numéros.

Déroulement

Les joueurs se déplacent toujours dans l'ordre des n° et tout joueur appelé est obligé de se déplacer. Le joueur peut se déplacer en avançant en reculant ou latéralement.

Intérêt éducatif

– Le joueur doit évoluer à la fois en fonction de son équipe, mais également en cherchant à freiner l'avance de l'équipe adverse.

Perfectionnement

– Ce jeu développe le sens d'observation de l'astuce de l'enfant qui doit sans cesse rechercher la place la plus favorable pour aligner le plus rapidement possible les 3 joueurs de son équipe.

– En outre cette forme de marelle développe l'esprit d'équipe tout en conservant l'individualité du joueur, qui, joue seul sans consulter ses coéquipiers.

Menée : Pour une meilleure compréhension du jeu la 1ère manche est un « coup pour rien ».

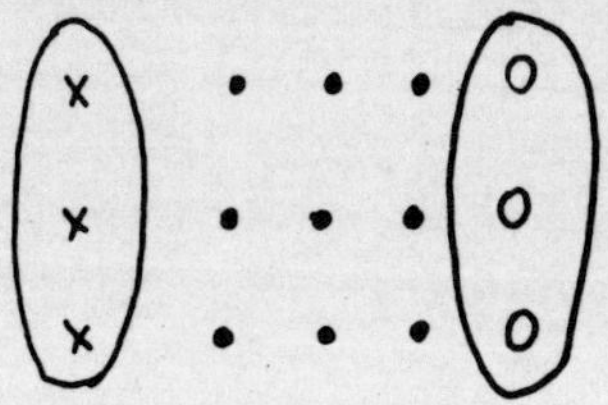

21 LES MARELLES

TERRAIN PLAT

6-12 ANS
2 JOUEURS MINI

MARELLES TRADITIONNELLES

- tracer la marelle, ci-contre
- se placer avec son palet dans la case terre
- lancer le palet avec la main dans la case 1, sauter cette case et tomber à cloche-pied en 2, cloche-pied en 3, pied droit en 5, pied gauche en 6, cloche-pied en 6 : pied droit en 8, pied gauche en 7
- *Demi tour :* pied droit en 7, pied gauche en 8 cloche-pied sur 6, pied droit en 4, pied gauche en 5 cloche-pied en 3, – arrêt cloche-pied en 2
- ramasser le palet case 1 et sauter au-dessus de 1 pour retomber 2 pieds dans la case «terre»
- et ainsi de suite case 2-3-4...

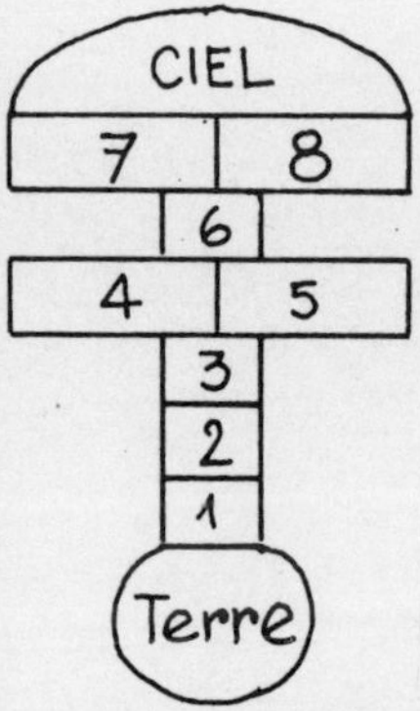

- on perd son tour lorsque
  . le palet est à cheval sur la ligne
  . si on marche sur les lignes en sautant
  . si on manque la case visée
- lorsqu'on reprend son tour, on recommence à viser la la case pour laquelle on avait échoué

Variante et continuité du jeu

- lorsqu'on a réussi à faire l'aller et retour en passant par le ciel et la terre, on recommence en partant du ciel

– lorsqu'on a réussi à faire l'aller et retour en passant par le ciel et la terre, on recommence les yeux fermés
– ... on s'attribue une case qui devient sa propriété et où l'on peut s'arrêter à deux pieds.

MARELLE POUSSÉE

– partir de A
– pousser le palet avec la main en case 1
  à cloche-pied dans la case 1, on pousse avec le pied le palet dans la case 2 puis 3... puis...
– lorsqu'on est passé successivement dans toutes les cases sans que le palet ne sorte des limites, ni ne morde sur les lignes, on attribue au joueur une parcelle de case (1/8). Il peut s'y reposer à 2 pieds au sol et les autres ne peuvent pousser le palet.
– la marelle peut être numérotée de différentes manières
– on peut choisir de pousser le palet soit de plusieurs petits coups de pied, soit d'un seul

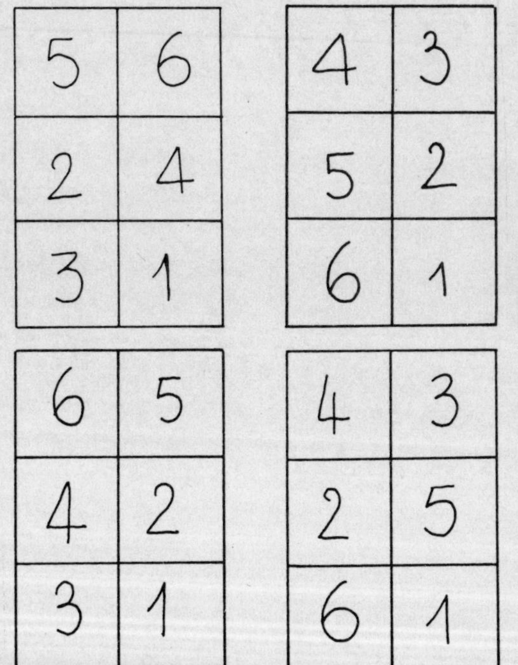

22 LES MARELLES

6-12 ANS
2 JOUEURS MINI

TERRAIN PLAT

JE DÉCLARE LA GUERRE

– chaque joueur a une parcelle d'un cercle tracé sur le sol, qu'il nomme par un nom de pays
– *but :* agrandir sa parcelle de pays
– *déroulement :* chaque joueur a un pied dans son pays et l'autre pied à l'extérieur du cercle
– un joueur appelle «je déclare la guerre à...» nom de pays : Suisse. Le joueur représentant la Suisse doit au signal sauter à pieds joints dans le petit cercle central A et crier stop. Pendant ce temps les autres pays sont partis le plus vite possible, loin du cercle. Au stop ils s'arrêtent.
– le joueur «suisse» du petit cercle A se tourne vers un joueur et lui dit «j'attaque... la France» en faisant 4 pas de géants. Il fait ses 4 pas de géant et doit tomber pieds joints sur les pieds du joueur «France» qui ne bouge pas. S'il réussit, il gagne une parcelle de la France et la débaptise pour devenir Suisse. S'il ne réussit pas, c'est l'autre joueur qui lui prend un morceau de son pays.
– on a la possibilité de faire des pas de géant, de souris, normaux...
– *intérêt éducatif :* réflexe, détente, calcul et appréciation des distances.

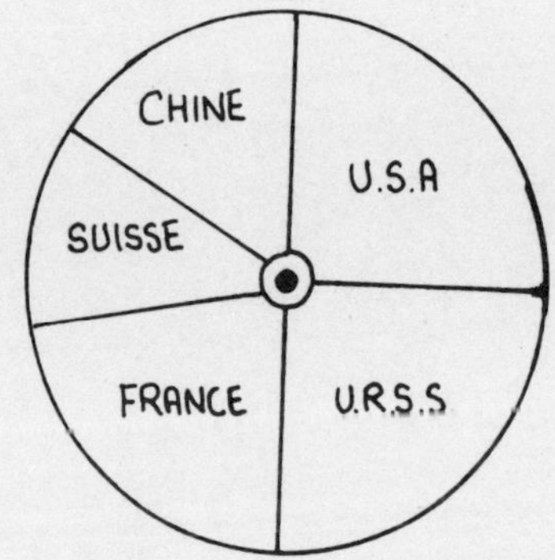

MARELLE
A 10 CASES

- *BUT DU JEU :* réussir à sauter à pied joint dans chacune des cases dans l'ordre 1-2-3-4... 10
- *déroulement :* partir de la base «A» à pieds joints dans la case 1 puis la case 2, puis la case 3-4-5... 10 ceci sans toucher les lignes et suivant la règle établie, avec ou sans arrêt sur les cases.
- *intérêt éducatif :* enchaîner des sauts dans différentes directions – être équilibré à tout moment pour ne pas sortir de la figure.
- *perfectionnement :* grâce à un numérotage progressif, le joueur peut améliorer ses sauts et leurs enchaînements.
- *Variante :* peut-être fait à cloche-pied – droite ou gauche à pieds croisés.

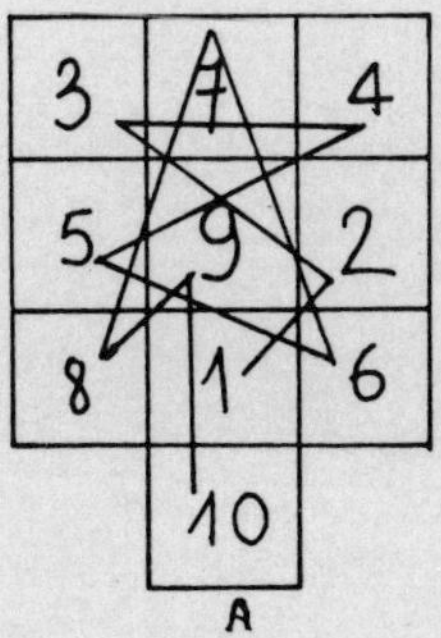

23

LES MARELLES

TERRAIN PLAT

6-12 ANS
2 JOUEURS MINI

Famille de jeu

Marelle

But de jeu

Réussir un parcours sans se tromper.

Déroulement

- *Figure 1*
  1 Se placer en O. Sauter à pieds joints en I.
  2 Écarter les jambes : Droite en b Gauche en a.
  3 Revenir pieds joints en I.
  4 Sauter en arrière en O.

- *Figure 2*
  1 Se placer en O. Sauter à pieds joints en I.
  2 Écarter les jambes : Droite en b Gauche en a.
  3 Revenir pieds joints en I.
  4 Sauter à pieds joints en II.
  5 Écarter les jambes : Droite en d Gauche en c.
  6 Revenir pieds joints en II.
  7 Sauter pieds joints en I.
  8 Écarter les jambes Droite en b Gauche en a.
  9 Revenir en I pieds joints en I.
  10 Sauter en arrière en O.

- *Figure 3 idem avec case III*

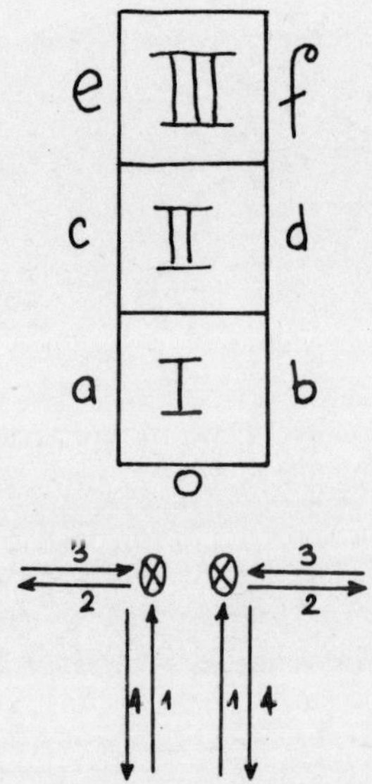

Intérêt éducatif

– Coordination motrice
– Structuration de l'Espace : Sauter en AR, en Avt, Latéralement.
– Aspects rythmiques du jeu.

Perfectionnement
Variantes

– Progression dans la rapidité d'exécution des figures.
– à cloche pieds.

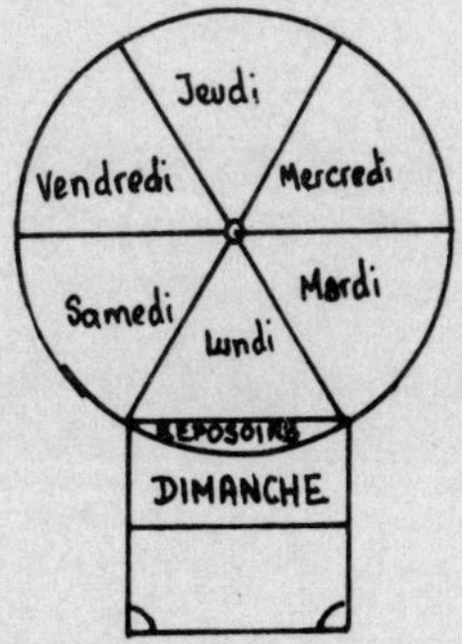
Jeudi
Vendredi
Mercredi
Samedi
Lundi
Mardi
REPOSOIRS
DIMANCHE

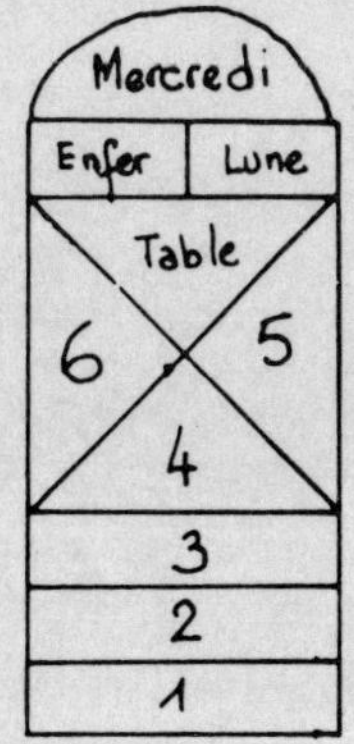
Mercredi
Enfer
Lune
Table
6
5
4
3
2
1

24 LES MARELLES

6 ANS MINI
2 JOUEURS

INTÉRIEUR

Degré de participation : se joue 1 contre 1.

Famille de jeu : les marelles

But du jeu : Réussir à aligner ses 3 pions sur une diagonale, une médiane ou un côté

Règles et déroulement : Les joueurs jouent à tour de rôle chacun un pion en cherchant à les aligner. Quand les 3 pions sont posés, on les déplace sur les lignes.

Intérêt éducatif : Jeu de réflexion, d'attention

Variante : Se joue également à 2 joueurs
Chaque joueur dispose de 9 pions et essaie d'en placer 3 en ligne.
S'il réussit, il a le droit d'enlever un pion à son adversaire.
Le joueur perdant est celui qui ne peut plus bouger ou qui n'a plus que 2 pions.

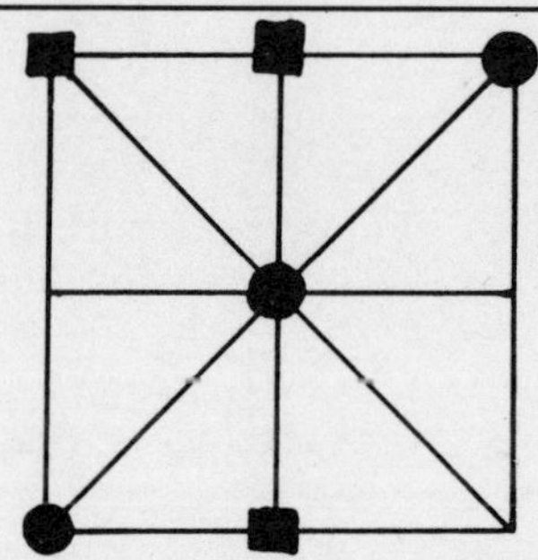

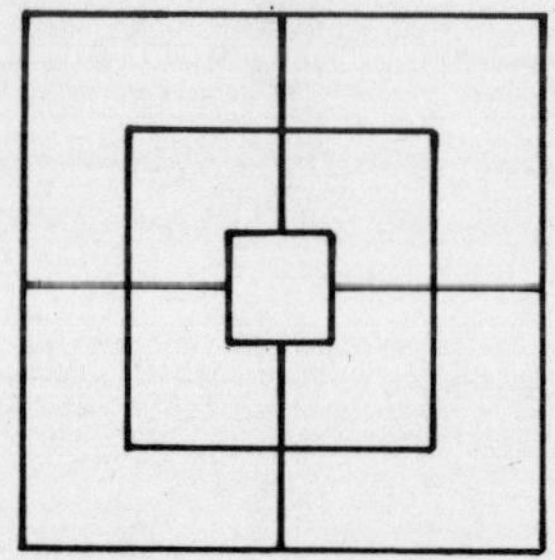

25 JEU DE FICELLES

LE BOL SUR L'ASSIETTE

TOUS LIEUX

8 ANS MINI
INDIVIDUEL

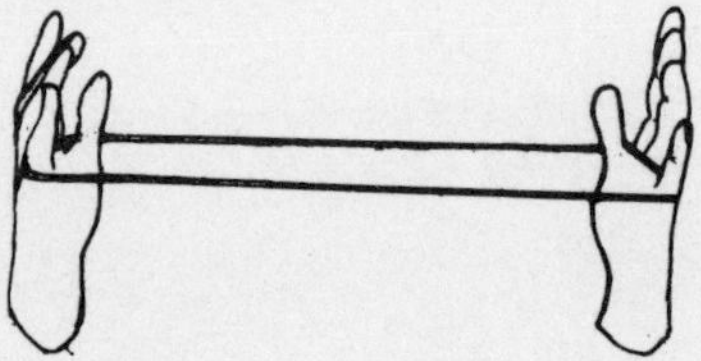

11- Position de départ.

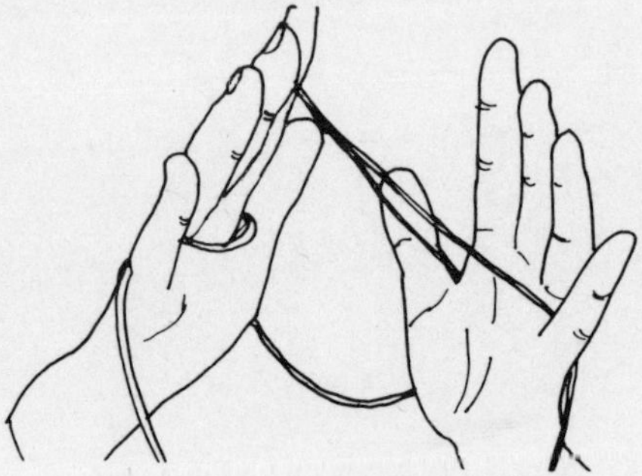

12- Index droit prend ficelle opposée

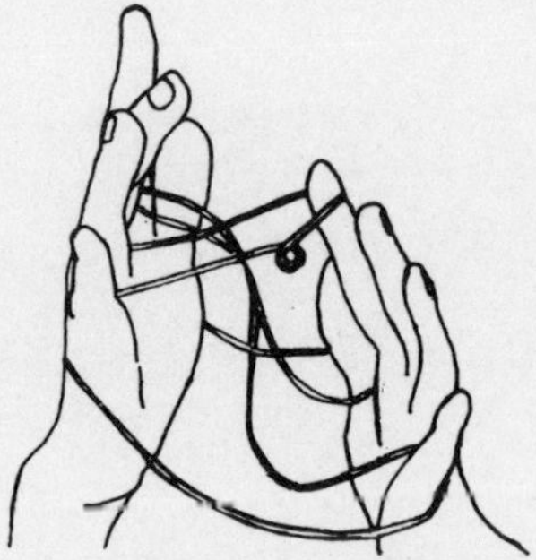

13- Index gauche prend ficelle opposée.

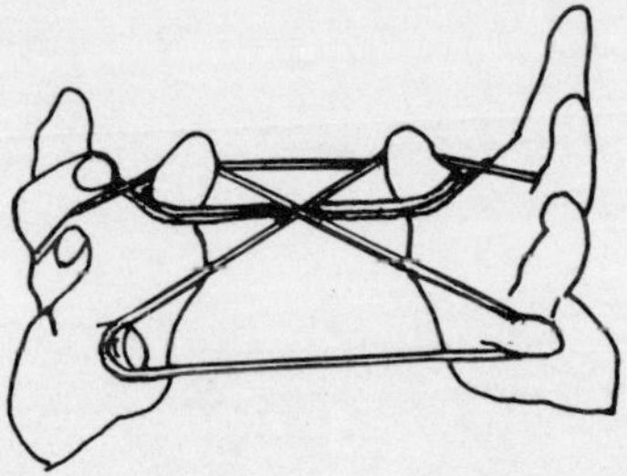

14- Pouce prend 3e ficelle par-dessus.

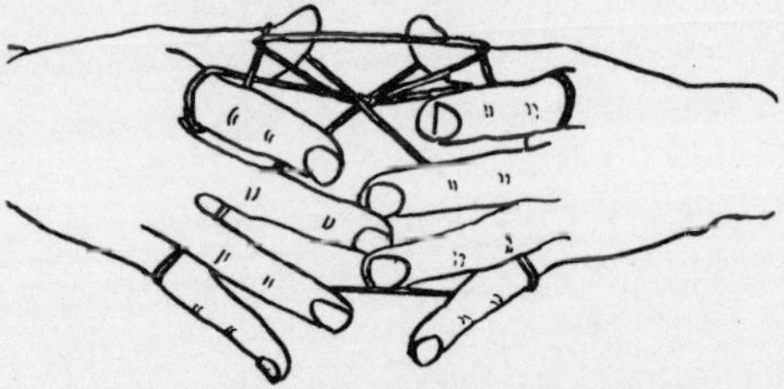

15- Pouce passe sous ficelle 1.

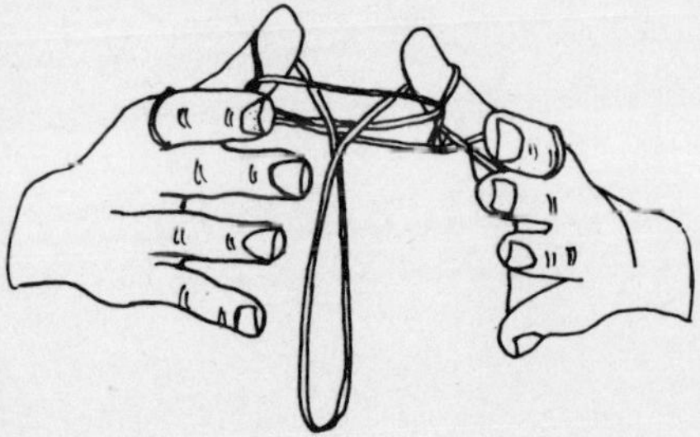

16- Lâcher les petits doigts.

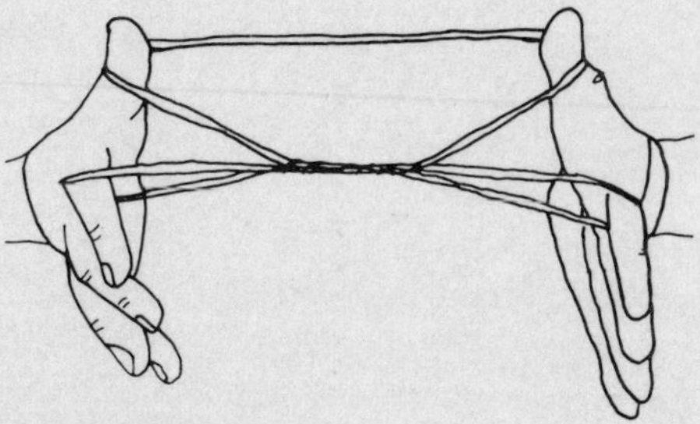
17- Et... tirer

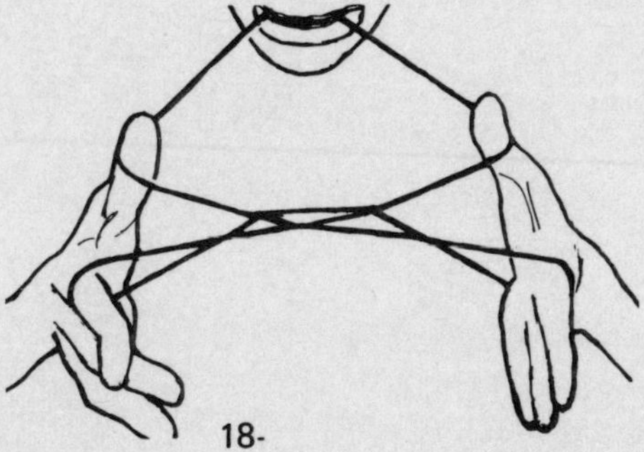
18-

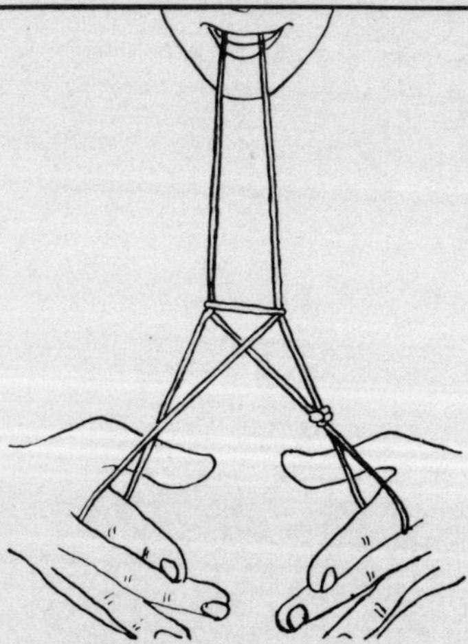
19- Voici la Tour Eiffel...

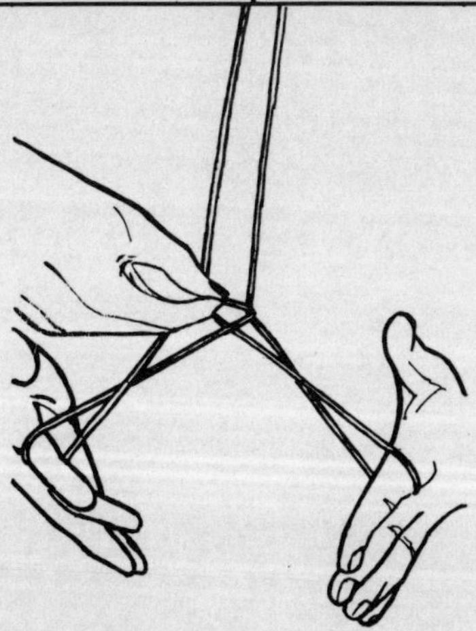
10-

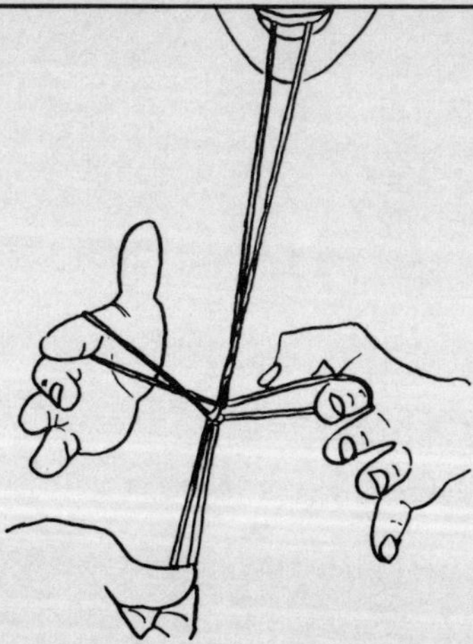
11 bis - ... Et la croix de St André.

26 JEU DE FICELLES

LE NOEUD MAGIQUE

8 ANS MINI
individuel

TOUS LIEUX

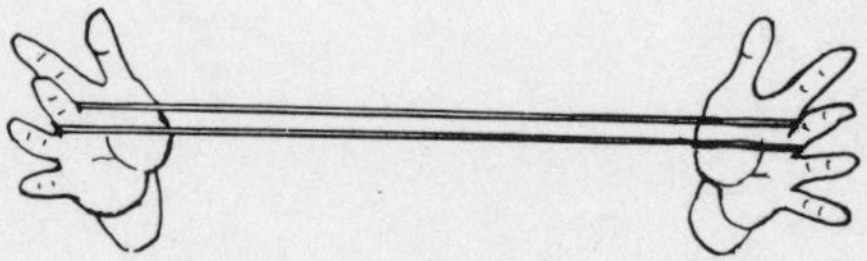

21- Position de départ.

22- Tourner vers le pouce autour de la main gauche.

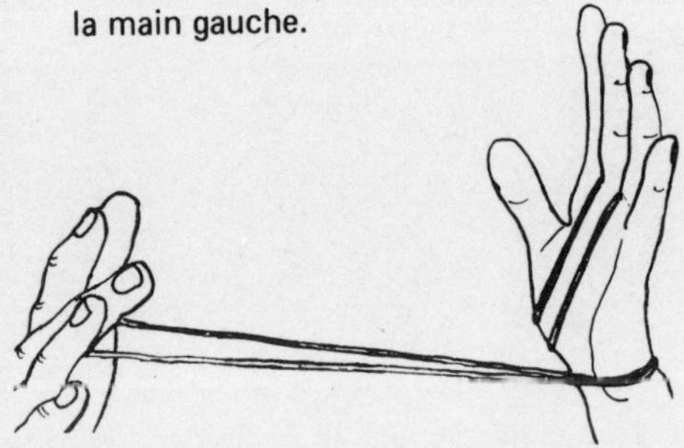

23- Prendre avec petit doigt boucle main gauche.

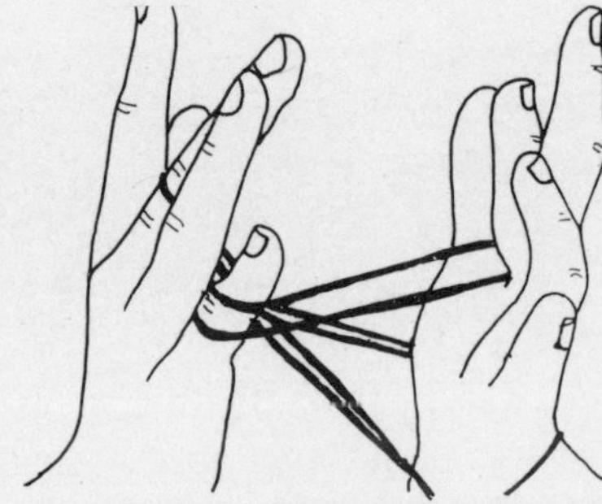

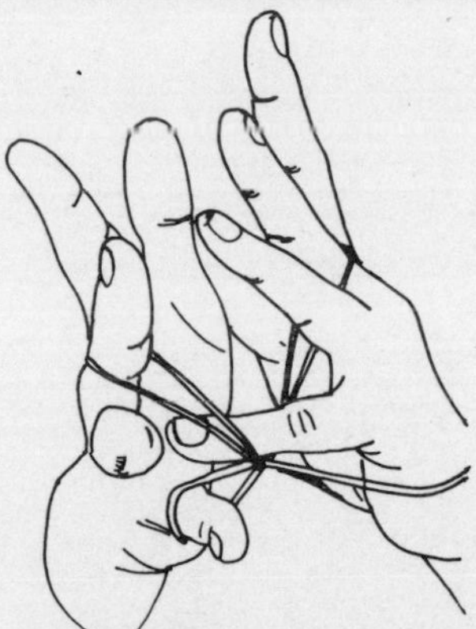

24- Avec petit doigt gauche prendre boucle main droite par-dessus.

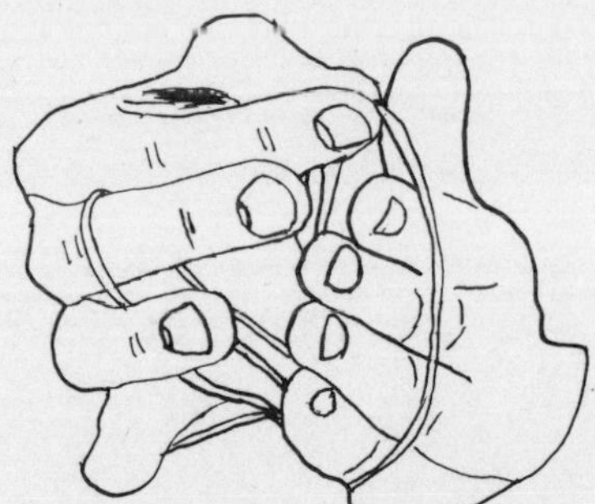

25- Avec la main droite, faire passer la boucle située sous le pouce gauche par-dessus toute la main.

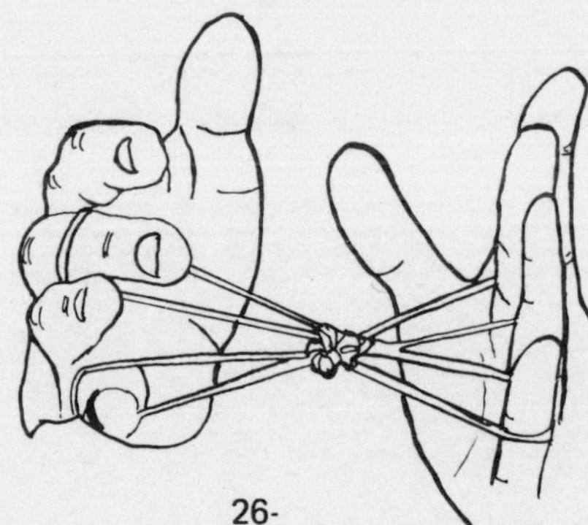

26-

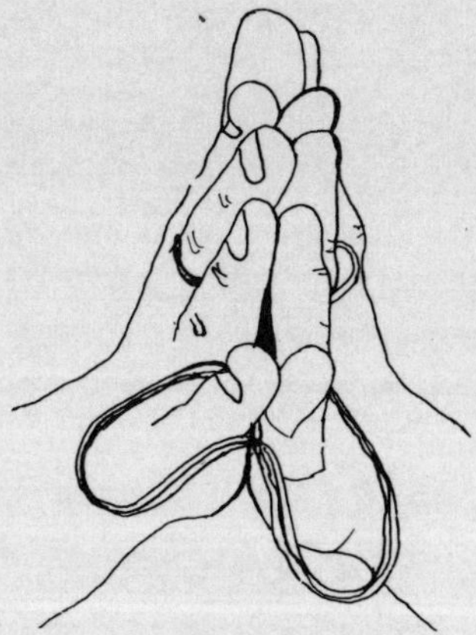

27- Taper dans les mains et
lâcher les petits doigts.

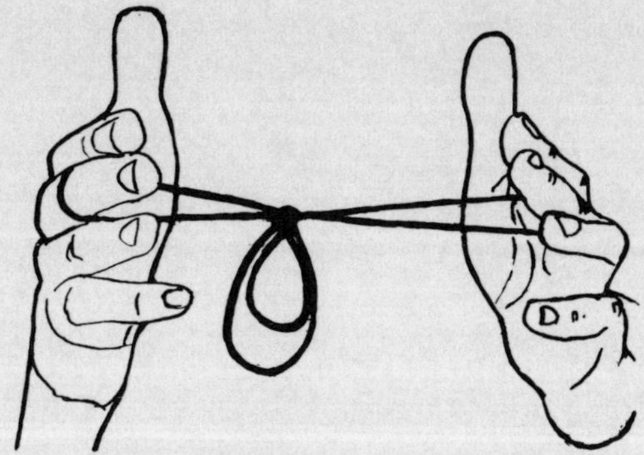

28-

27
JEU DE FICELLES

LE PARACHUTE

TOUS LIEUX

8 ANS MINI
individuel

31- Position de départ. Pouce et petit doigt main gauche.

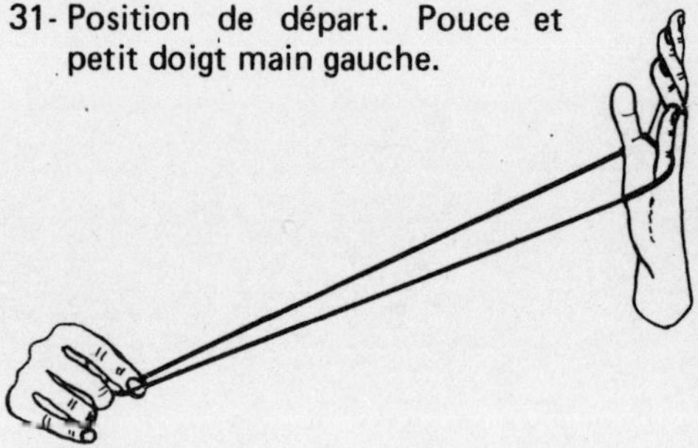

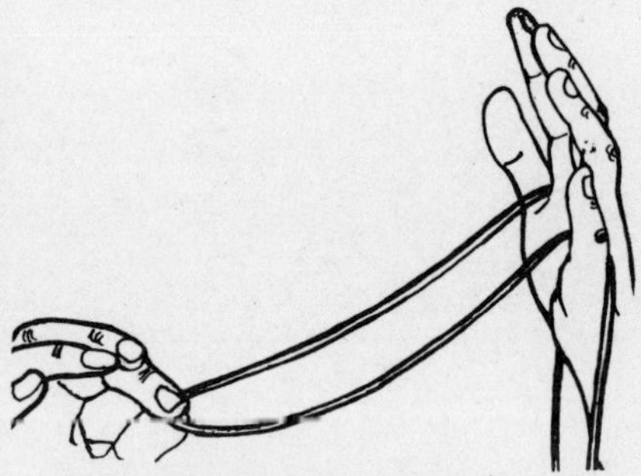

32- Prendre avec main droite, boucle main gauche.

33- Reprendre boucle main gauche avec main droite.

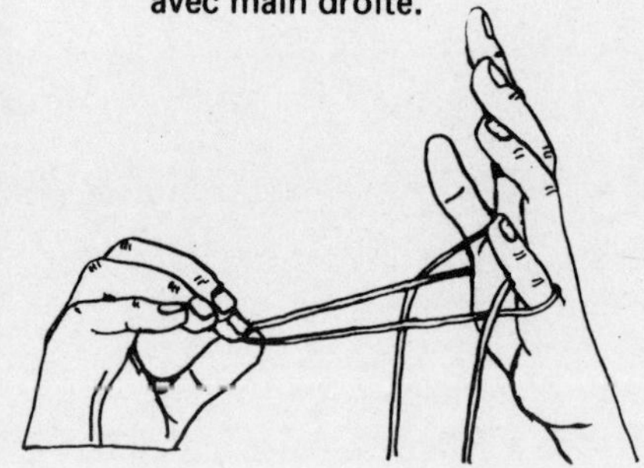

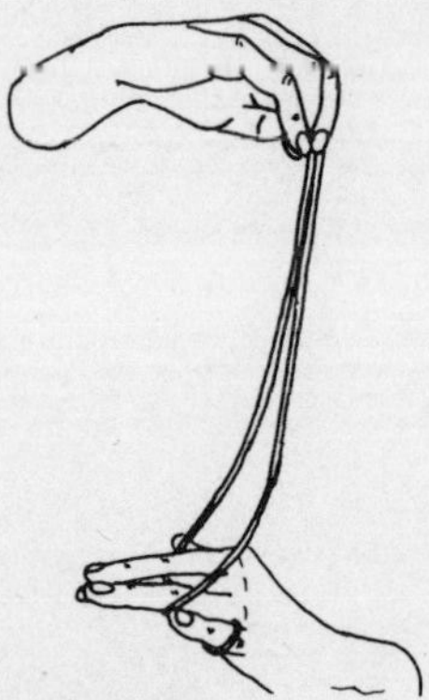

34- Faire passer boucle main droite au-dessus de main gauche.

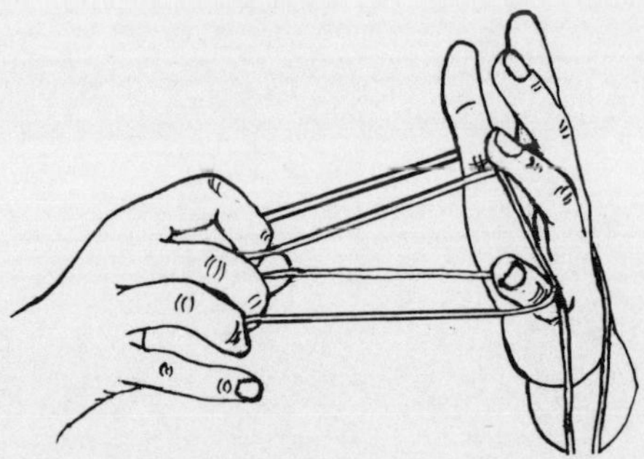

35- Prendre les boucles du pouce et du petit doigt.

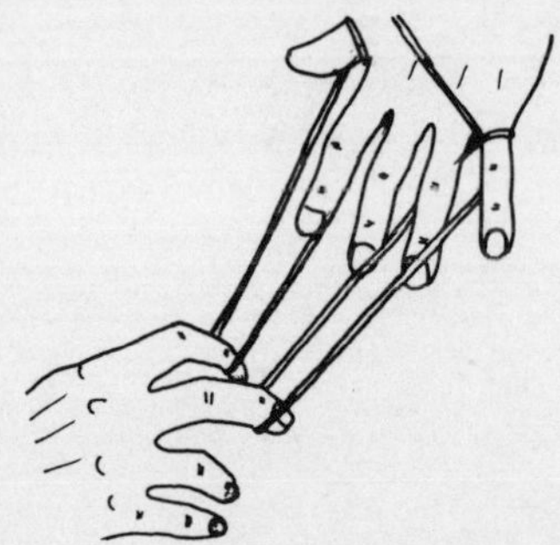

36- Faire passer majeur, index, annulaire dans les espaces ainsi formés.

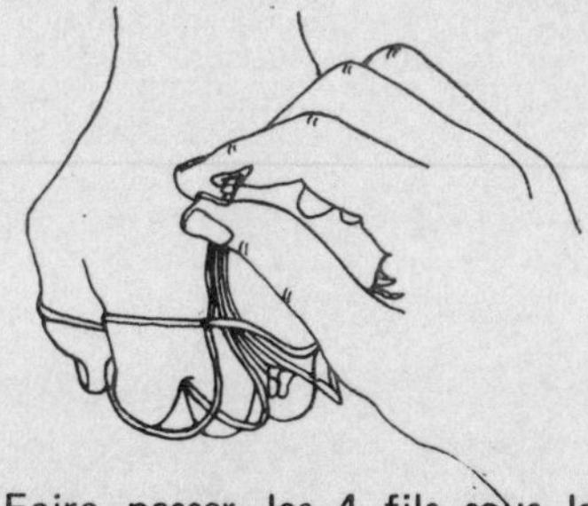

37- Faire passer les 4 fils sous la boucle postérieure main gauche.

38- Faire passer cette boucle à l'avant.

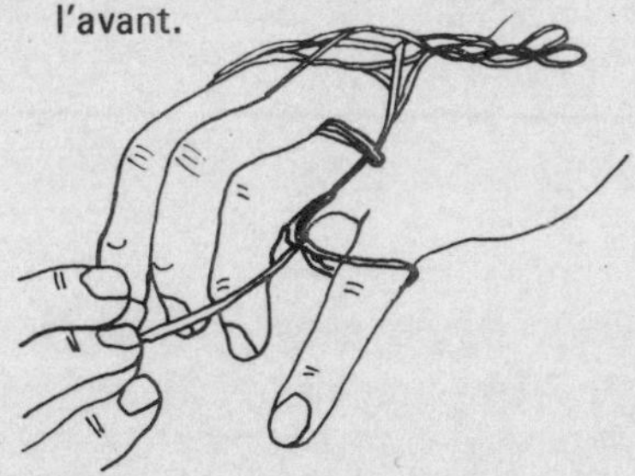

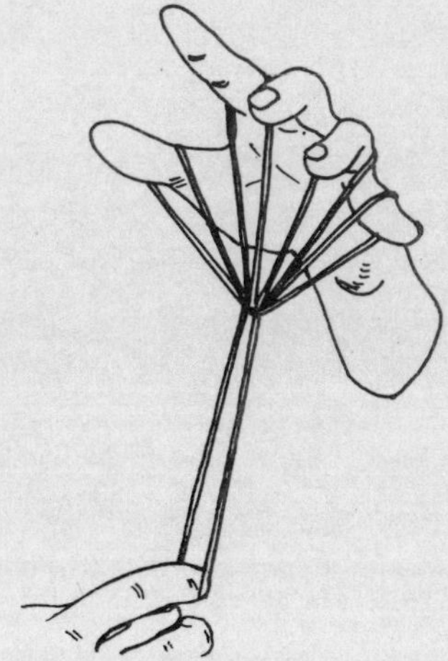

39- Tirer... voici le parachute.

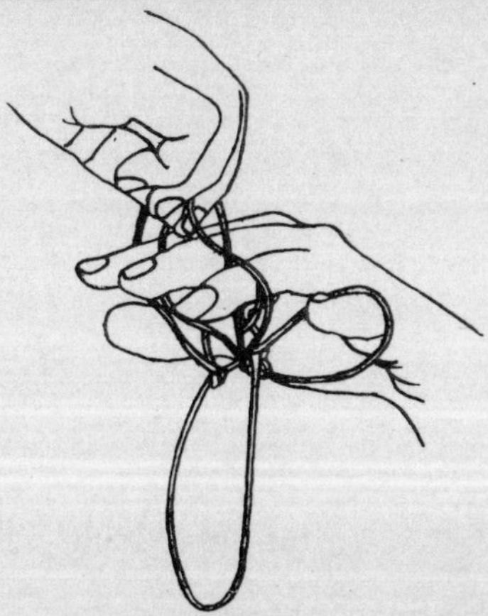

40- Prendre les boucles postérieures de l'index et de l'annulaire et les passer par-dessus les doigts.

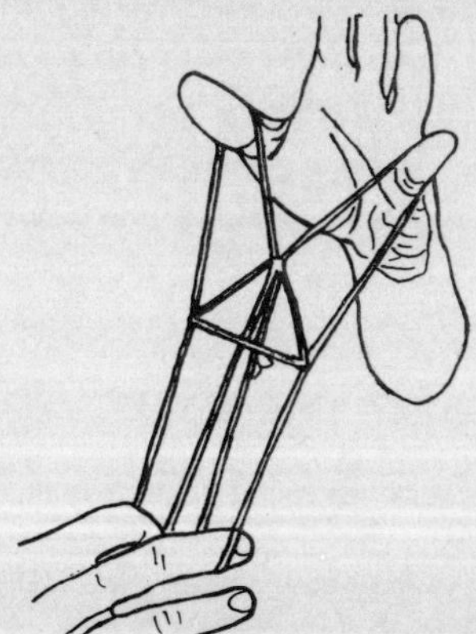

41- Voici le pantalon de papa !

29 JEU DE FICELLES	# LA MAIN COUPEE TOUS LIEUX	8 ANS MINI individuel

Reprendre les 3 premières figures du «bol sur l'assiette» (11-12-13) puis

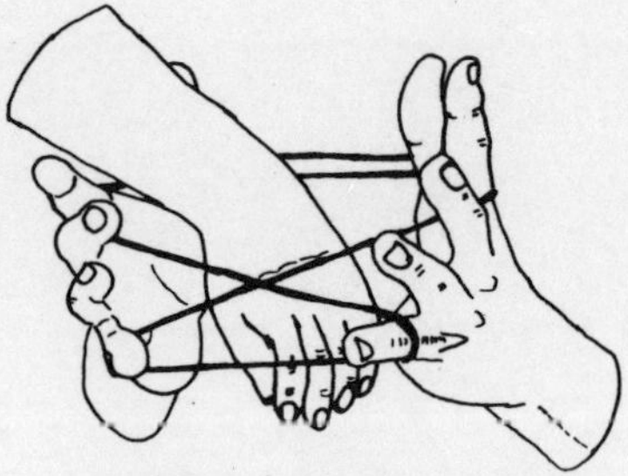

45- Passer la main par-dessus.

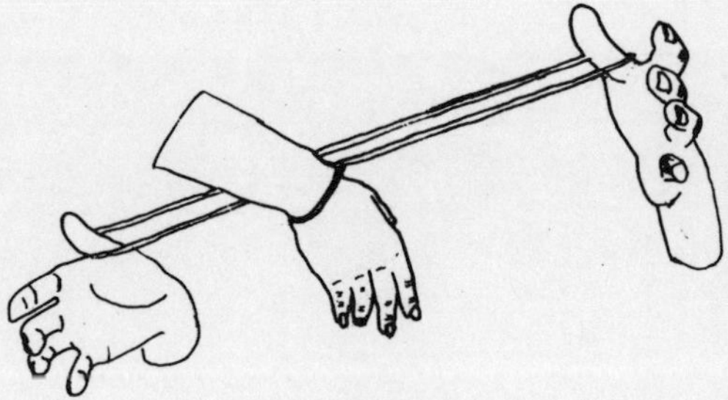

46- Lâcher index droit et gauche et petits doigts droit et gauche.

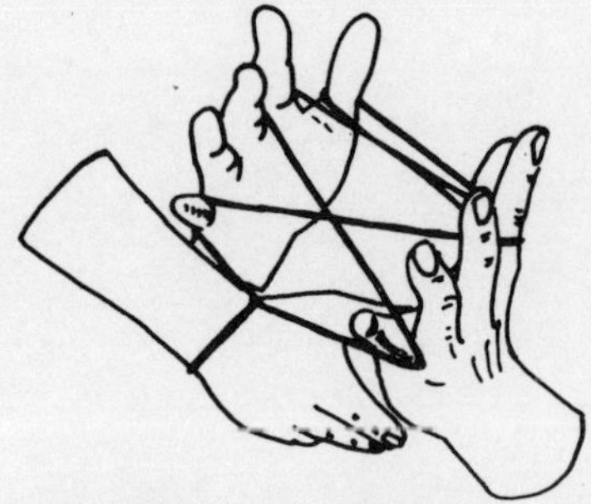

47- Refaire les 3 premières figures avec la ficelle restée libre.

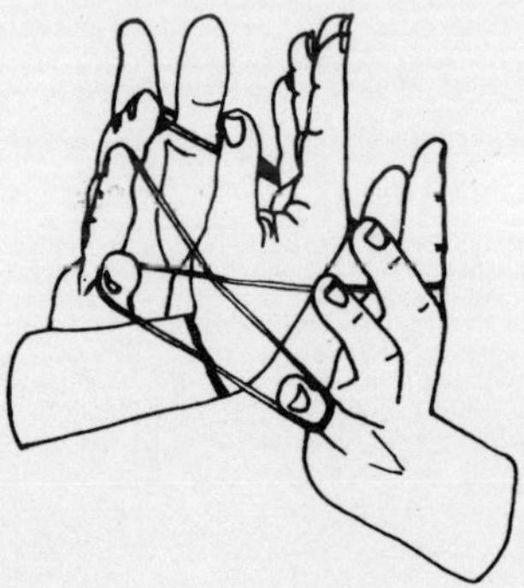

48- Passer la main par-dessous.

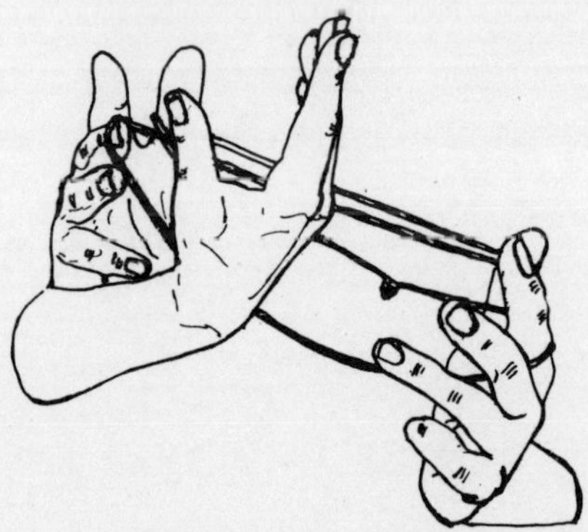

49- Lâcher les petits doigts.

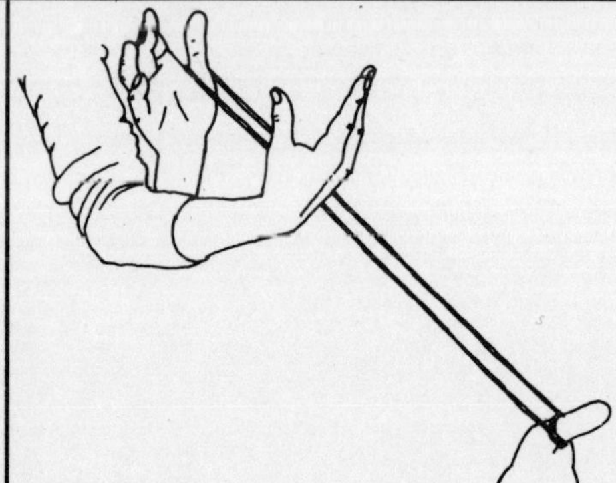

50- Et la main est libérée !

LE PARACHUTE

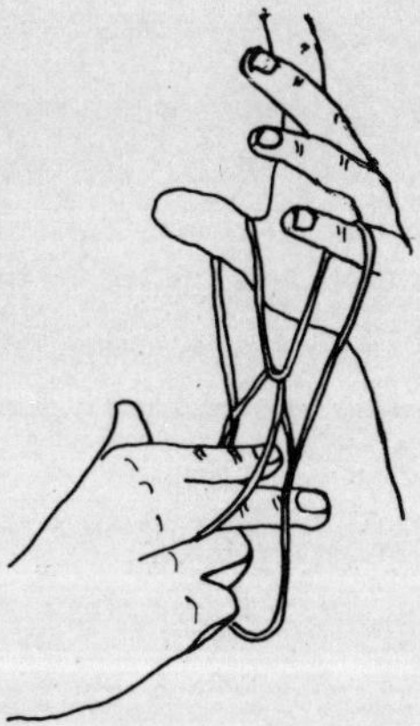

42- Index et majeur main droite dans les 2 poches du pantalon...

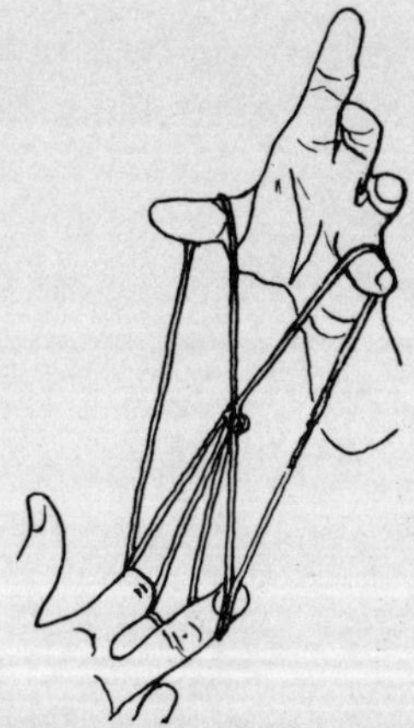

43- ... Tirer vers le bas : voici le Tablier de maman...

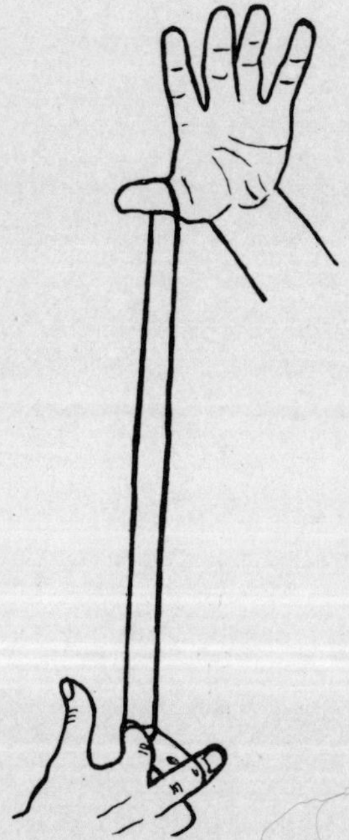

44- ... Lâcher le petit doigt : voilà la chaussette de grand-mère !

30
JEU DE FICELLES

LA TOUR EIFFEL A 4 PATTES

TOUS LIEUX

8 ANS MINI
INDIVIDUEL

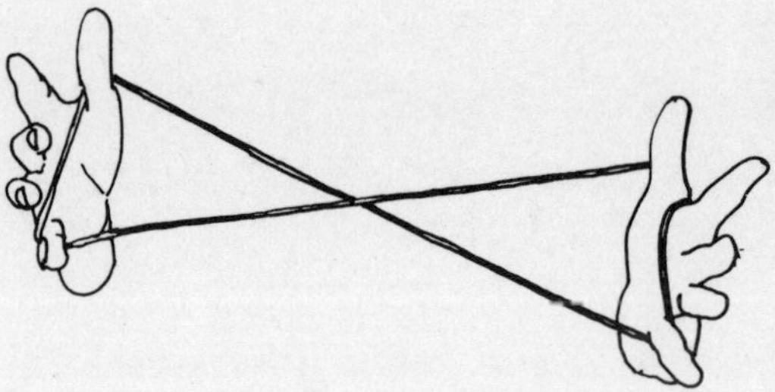

51- Position de départ.

52- Index droit prend boucle main gauche.

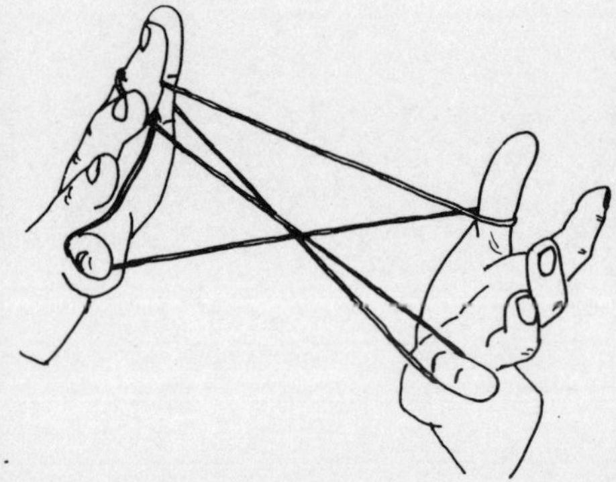

53- Index gauche prend boucle main droite.

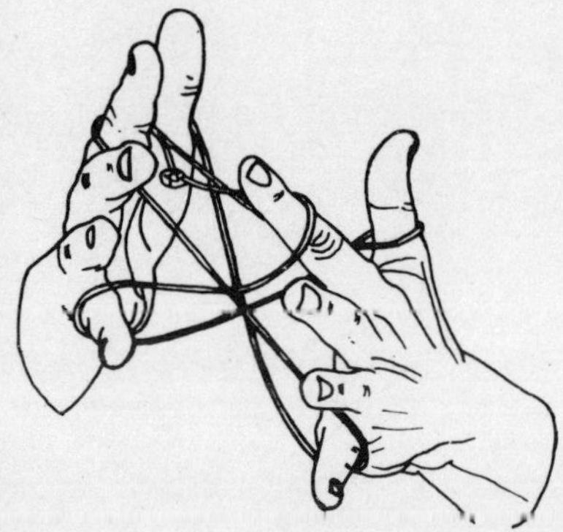

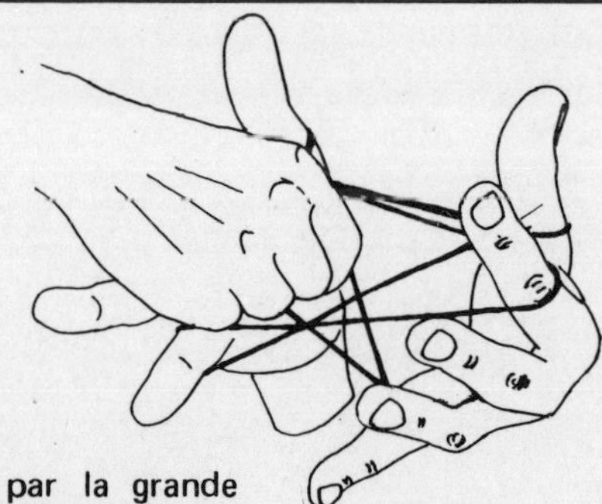

54- Passer la main par la grande ouverture pour prendre la croix du plan inférieur.

55- Tirer la croix vers le haut.

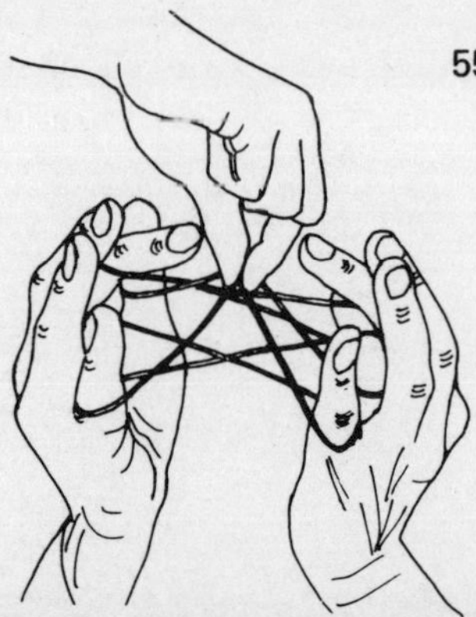

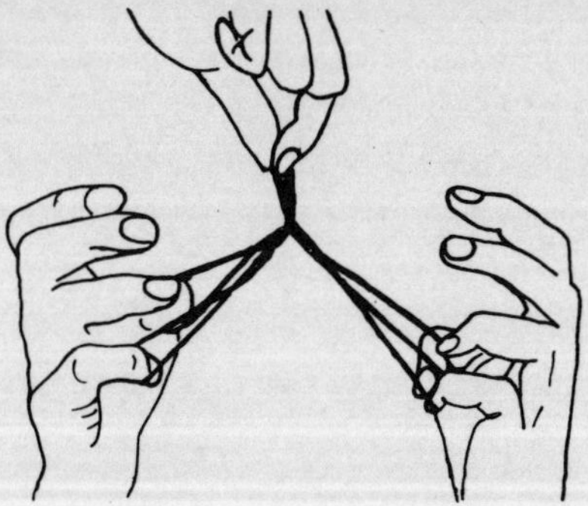

56- Lâcher les 2 index et rotation vers l'intérieur des petits doigts et des pouces.

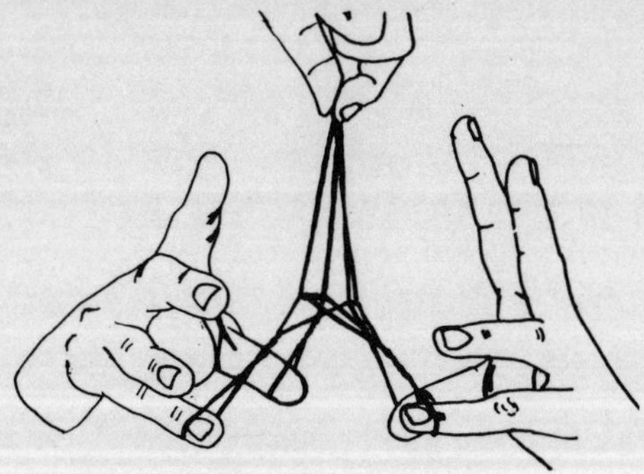

57- Tirer...

31 LA BARRIERE A 4 PANNEAUX

JEU DE FICELLES

8 ANS MINI
individuel

TOUS LIEUX

- Départ normal (11)
- Boucle droite et gauche (12) par index gauche et droit (13)

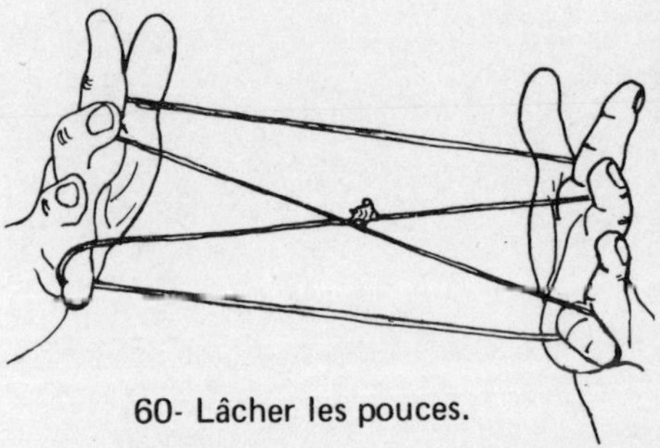

60- Lâcher les pouces.

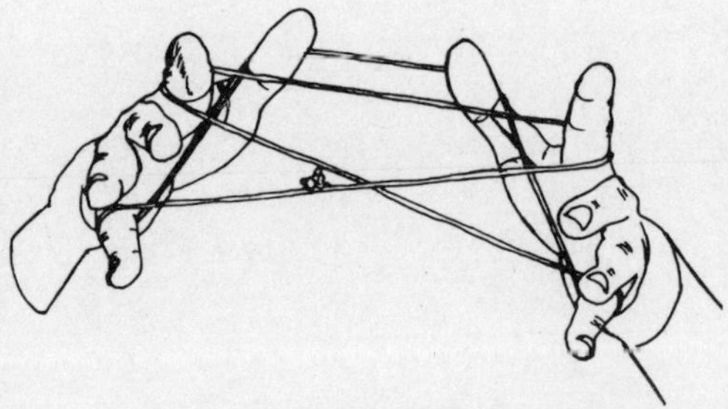

61- Prendre avec les pouces la 4e ficelle par-dessous.

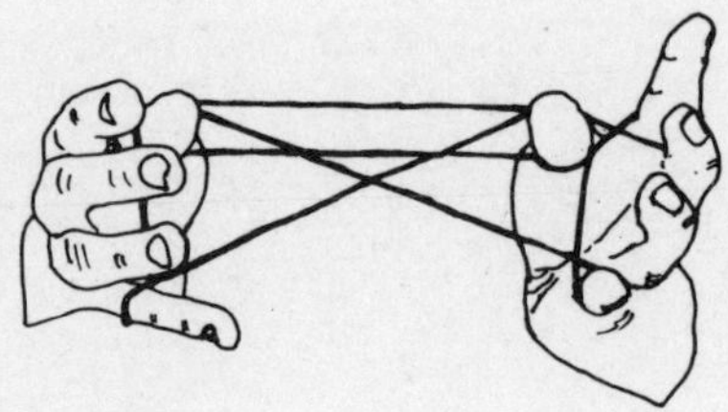

62- Avec les pouces, prendre par-dessus la 2e ficelle, la ficelle croisée.

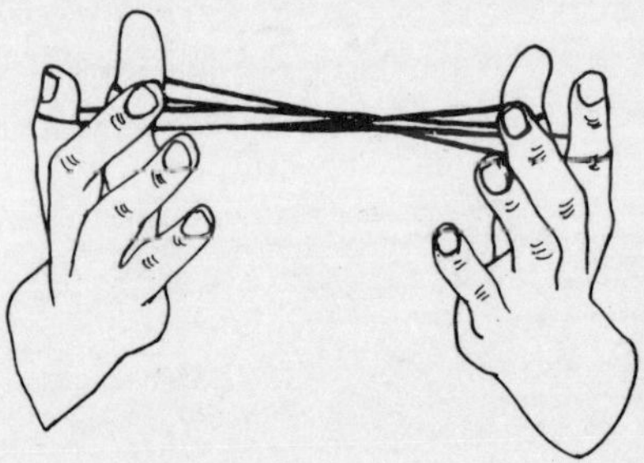

63- Lâcher les petits doigts.

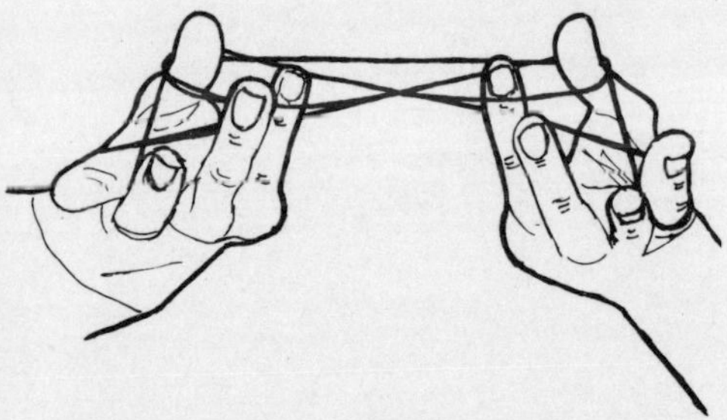

64- Avec petits doigts par-dessus la 4e ficelle, prendre la 3e.

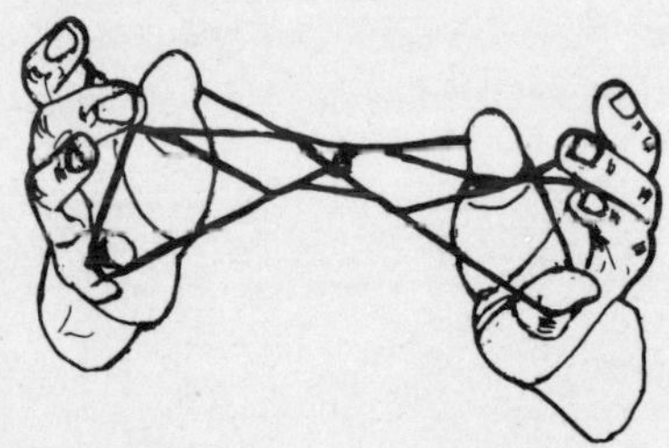

65- Lâcher les pouces et prendre par-dessus ficelles 1 et 2, la 3e ficelle.

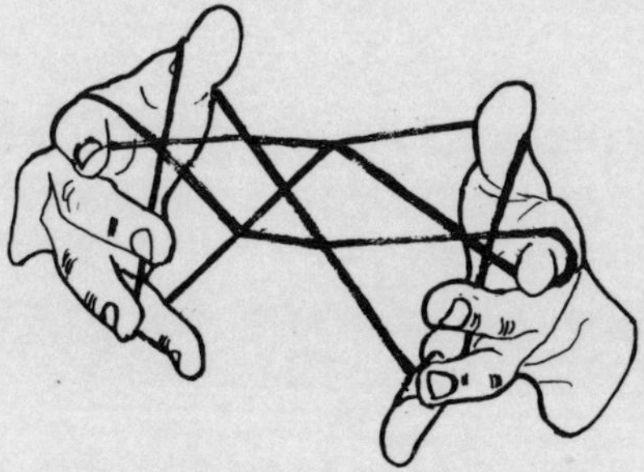

66- Voici la barrière à 2 panneaux.

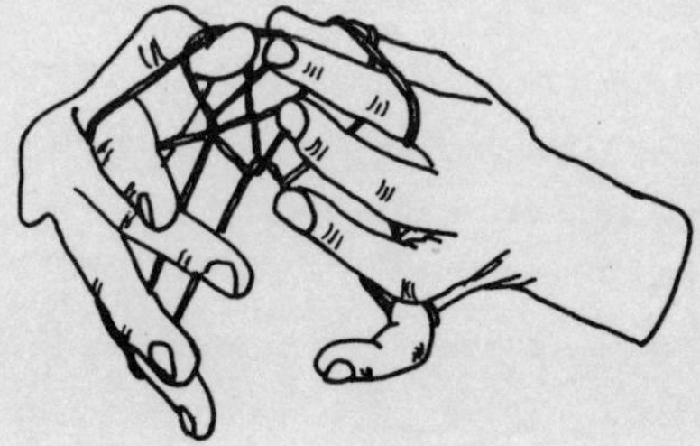

67- Introduire le pouce droit dans la boucle de l'index droit.

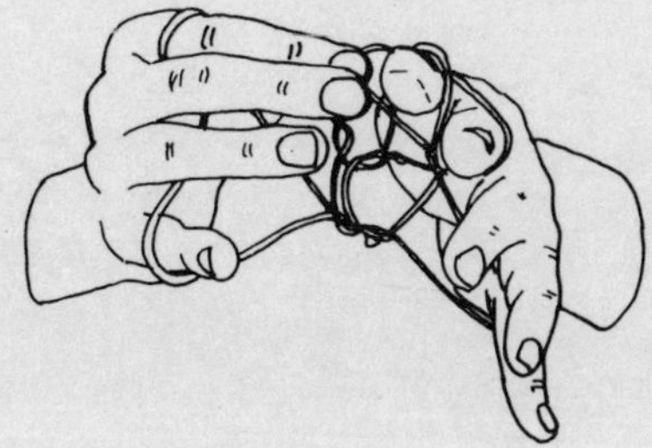

68- Idem à gauche.

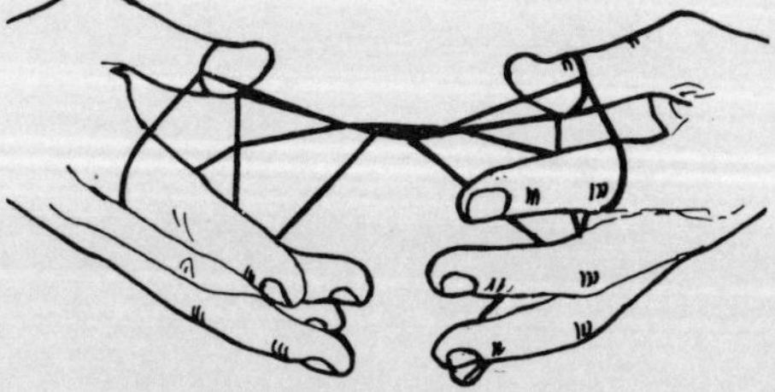

69- Faire basculer les pouces entre 1ère et 2e ficelle.

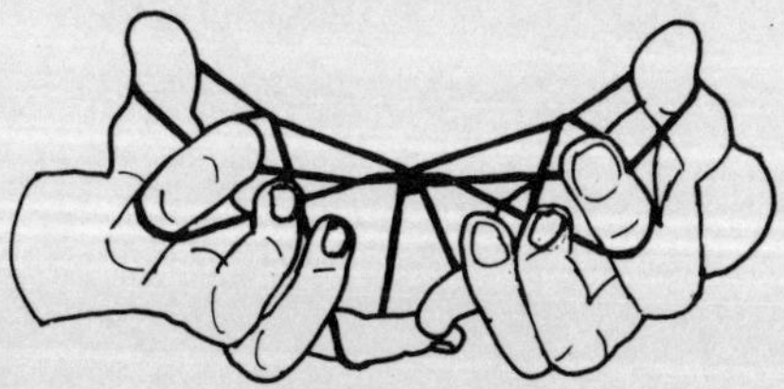

70- Introduire les index dans les triangles ainsi formés.

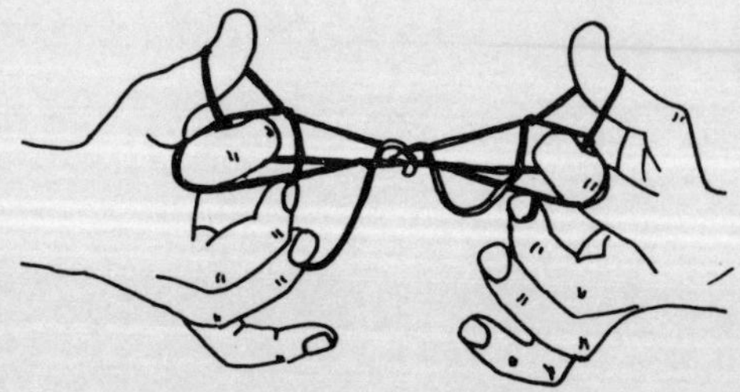

71- Lâcher les petits doigts.

LA BARRIÈRE À 4 PANNEAUX

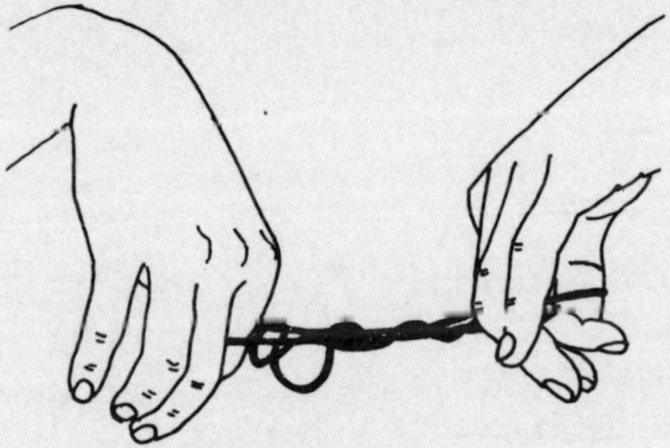

72- Effectuer une rotation des pouces et des index.

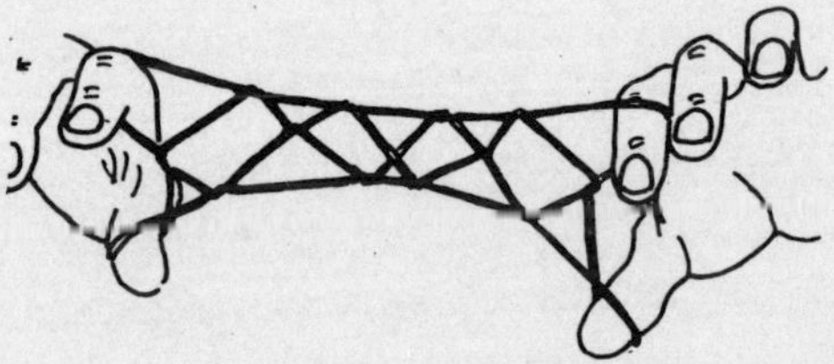

73- Voici la barrière à quatre panneaux.

33
JEU DE FICELLES

LE PETIT TRAIN

TOUS LIEUX

8 ANS MINI
individuel

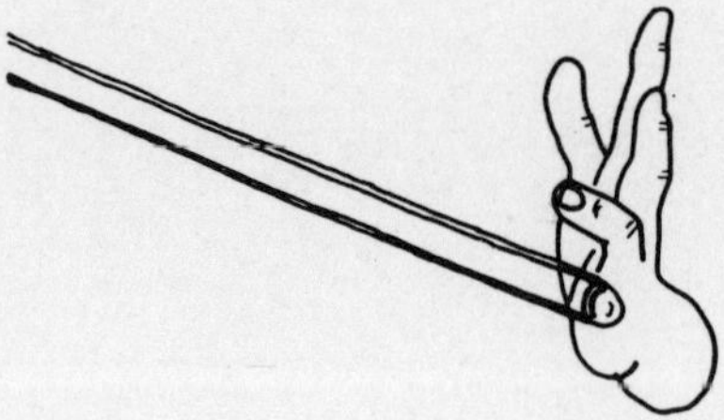

71- Départ.

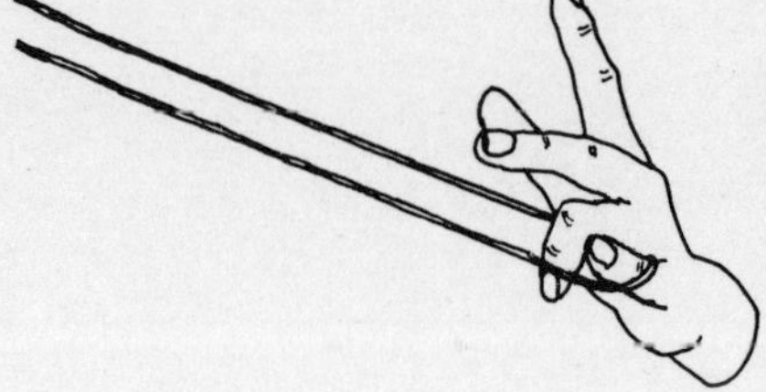

72- Rentrer annulaire dans le rail.

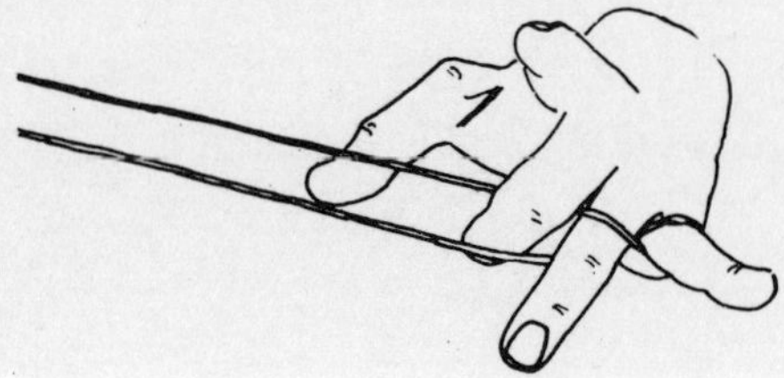

73- Rentrer majeur dans le rail.

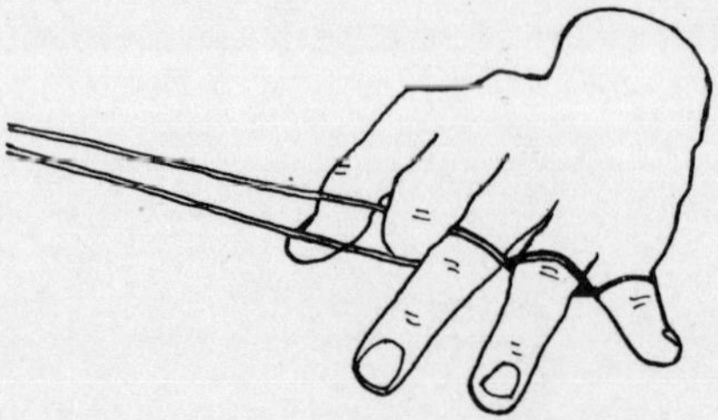

74- Rentrer l'index dans le rail.

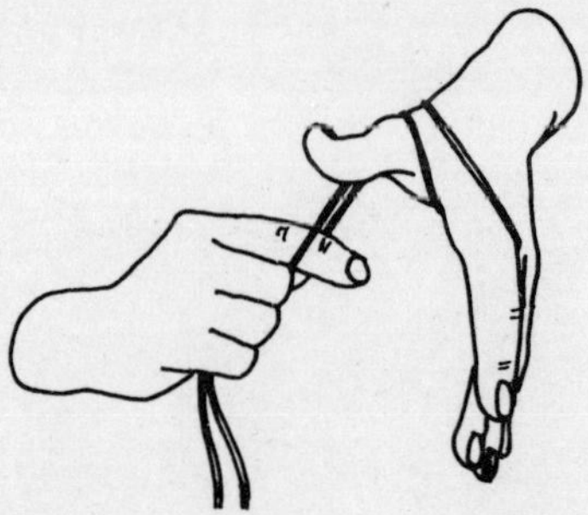

75- Faire passer le rail derrière le pouce.

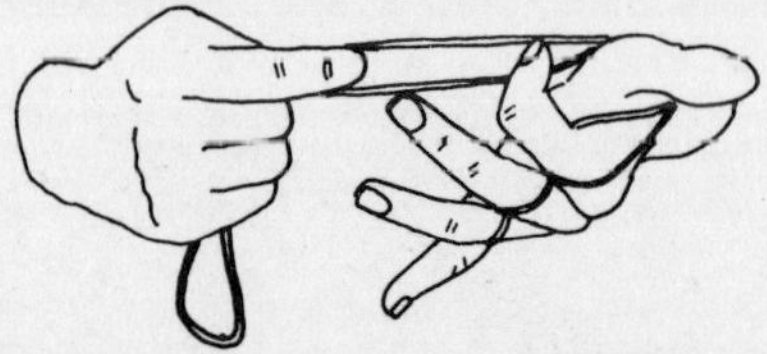

76- Rentrer l'index dans le rail.

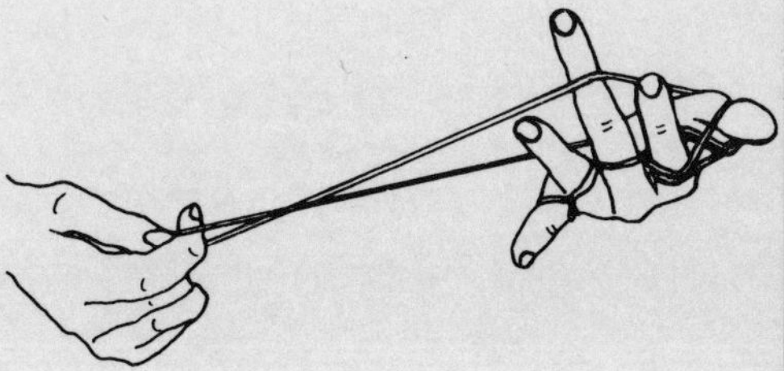

77- Idem avec le majeur...

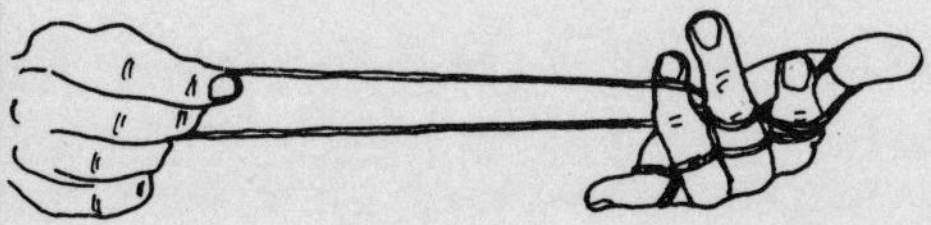

78- l'annulaire...

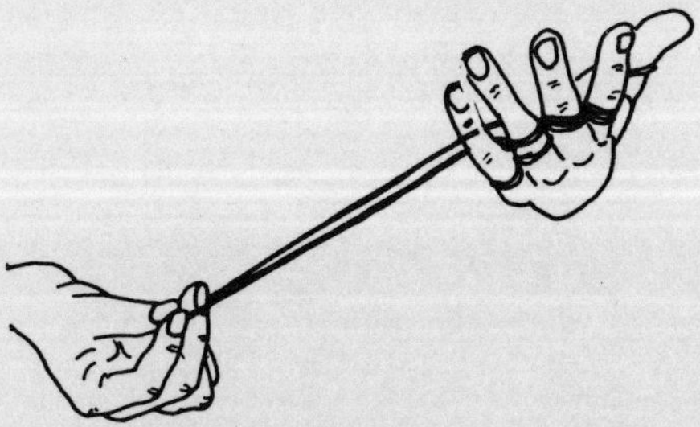

79- l'auriculaire...

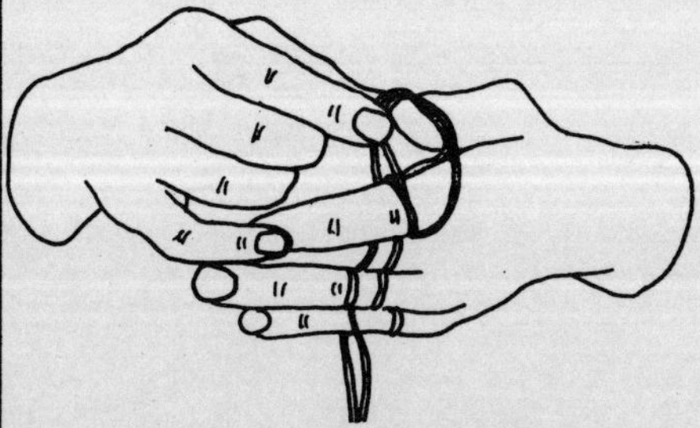

80- Enlever les boucles du pouce.

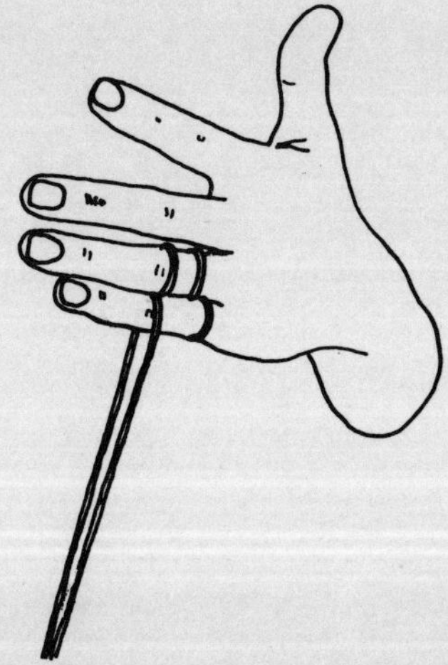

81- Tirer vers le bas... les doigts sont libérés.

34
JEU DE BALLES

LA BALLE AU MUR

CONTRE UN MUR

9-13 ANS
8 À 12 JOUEURS

Degré de participation : Il n'y a qu'une balle ; c'est donc à l'initiative de chaque enfant qu'il pourra activement participer au jeu. Les enfants les plus faibles ou les plus malhabiles risquent de n'avoir jamais la balle ou de ne pas oser la rattraper.

Famille de jeu :

– Jeu d'équipe, de prouesse individuelle ou collective

But du jeu :

– les joueurs doivent envoyer la balle rebondir sur le mur en la frappant avec la paume de la main et la rattraper (de la même manière) directement ou après un rebond à terre.

Règles fondamentales :

– Dans un terrain limité, chaque équipe touche alternativement la balle, pour que tous les joueurs puissent participer. Si la balle rebondit trop près du mur il ne sera pas possible de la rattraper d'où la nécessité de limiter sur un mur une zone où la balle ne devra pas aller.

Déroulement :

Décompte des points :

L'équipe perd un point lorsque :

- la balle n'est pas rattrapée
- la balle est rattrapée après plusieurs rebonds
- la balle sort des limites
- la balle frappe la zone interdite du mur
- la balle est rattrapée deux fois consécutives par la même équipe
- la balle est tenue dans la main et non frappée

Perfectionnement :

Collectif :

– l'équipe a intérêt à se répartir sur tout le terrain afin qu'il y ait toujours un joueur à portée de la balle.

Matériel :

mur – balle (tennis)

Menée :

Avoir des signes permettant de reconnaître les deux équipes (foulards, bandeaux...)

Si les enfants ne découvrent pas ces améliorations seuls, le moniteur devra les leur suggérer.

- les positions près du mur et à l'arrière du terrain sont importantes car c'est à ces endroits que les balles sont les plus difficiles à rattraper.
- Il est intéressant d'envoyer des balles croisées, car l'équipe adverse est surprise de voir la balle arriver à l'opposé d'où elle est partie.
- Alterner balles faibles et balles fortes, toujours pour surprendre l'autre équipe.

Individuel :

- Amélioration de certains gestes (le smash, le balancier...)

Le moniteur pourra insister sur le placement de chaque joueur et la manière dont les gestes sont exécutés.

Variantes

- peut être joué avec une raquette
  " " " " une balle
  " " " " une chistéra
  " " " " la paume de la main
- peut être joué sur un plafond :
  à un contre un
  ou deux contre deux

35

JEU DE BALLES

GRESSE-BALLE

CONTRE UN MUR

9-13 ANS
2 À 4 JOUEURS

Degré de participation : Le jeu peut être individuel. Chaque joueur pouvant jouer en même temps avec ses balles contre le mur ou alternativement, chacun attendant son tour.

Famille de jeu : prouesse individuelle

But du jeu : Les joueurs essayent d'exécuter la comptine entière le plus vite possible pour terminer le 1er. On désigne l'ordre de passage des joueurs par un «jeu à commencer».

Règles ou support :

Comptine

partie simple .... gestes
sans bouger .... ne pas bouger les pieds
sans rire .... ne pas rire
sans parler .... ne pas parler
d'une main .... jouer d'une main
de l'autre
d'une griffe .... mains en position de griffes paumes en bas
d'un pied .... lever le pied
de l'autre
d'une jambe .... passer la balle sous la jambe
de l'autre
petite tapette .... taper dans les mains
grande tapette .... taper dans les mains devant et dans le dos
petit rouleau (moulinet) . tourner les bras l'un autour de l'autre
grand rouleau (tourbillon) faire un tour sur soi-même
petit pieu .... croiser les bras sur la poitrine
grand pieu .... croiser les bras sur la poitrine et dans le dos

Matériel :

1 ou 2 balles par joueur

Déroulement :	Le joueur chante la comptine en exécutant chaque position et en lançant, en rythme, la balle contre le mur. Les autres joueurs attendent leur tour avec patience. Lorsque l'exécutant se trompe dans les mouvements, paroles, ou manque une balle, le suivant prend son tour. Chacun reprend à son tour, la comptine là où il l'a perdue. Après avoir joué une partie simple, on fait une partie sans bouger, sans rire, sans parler, d'un pied... *Position sans bouger :* . se taper sur les cuisses à «sans bouger» . se taper sur les cuisses à «d'un pied» et «d'une jambe» ou prendre position jambe écartée au début et passer la balle sous la jambe sans bouger les pieds. . croiser les bras sur la poitrine et taper sur les cuisses à «grand rouleau» *Position sans rire :* . les autres joueurs peuvent faire rire celui qui joue pour le faire perdre *Position sans parler* . ils peuvent essayer de faire parler le joueur en lui posant des questions . à «sans parler», le joueur met sa main sur la bouche	
Intérêt éducatif :	Ce jeu demande une certaine coordination motrice (jongler avec une ou deux balles) Une maîtrise de soi Une adresse et une certaine rapidité	
Variante :	Peut se faire sans mur, dans un plan vertical au-dessus de soi avec 1-2-3 balles.	

36 JEU DE BALLES	# QUI A LA BALLE ? EXTÉRIEUR	6-9 ANS 10 À 15 JOUEURS

Degré de participation : Tous les joueurs participent au jeu

Famille de jeu :	1 contre tous	**Matériel :** une balle
But du jeu :	les joueurs doivent s'organiser pour essayer de prendre la place du lanceur en cachant la balle derrière leur dos. Si le lanceur devine qui est en possession de la balle il reprend celle-ci et le jeu recommence. S'il se trompe, le joueur qui a la balle devient le lanceur. Celui-ci essaye de garder sa place le plus longtemps possible.	
Règles fondamentales **Déroulement**	Le joueur «X» a la balle ; il tourne le dos aux autres joueurs et lance la balle derrière lui en direction des autres avec la force qu'il désire, ce qui lui demande assez d'adresse. Chacun essaye d'attraper la balle. Le premier en sa possession la garde ou la donne à un joueur défavorisé ; tout le monde revient sur la ligne. Tous mettent les mains derrière le dos et crient alors : «qui a la balle ? ...». Le lanceur se retourne vers eux et doit deviner en observant sans s'approcher quel joueur tient la balle dans son dos.	**Menée :** attention, lorsque tous les enfants essayent d'attraper la balle, ils peuvent le faire d'une façon violente. Veiller à ce que chaque enfant participe, adapter la règle pour le favoriser.
Objectif éducatif :	Les joueurs doivent rester tous maîtres d'eux-mêmes et ne pas rire ou avoir quelque expression qui fasse deviner au lanceur, être capables de s'emparer de la balle.	
Perfectionnement individuel	Les joueurs peuvent chercher à tromper le lanceur ; ils peuvent cacher la balle sous leur pull, dans le dos, etc... Le lanceur peut également tromper les joueurs en faisant mine de nommer quelqu'un pour observer les réactions.	

37 LES CERCEAUX

6-10 ANS
2 JOUEURS MINI

TOUS LIEUX

Degré de participation : en fonction du nombre de cerceaux – chaque enfant participe activement.

Matériel : un cerceau par enfant

Famille de jeu	prouesse individuelle
But du jeu	réussir une figure avec le ou les cerceaux
Règles et déroulement	voir les variantes
Intérêt éducatif	Développement de coordination motrice de l'enfant La dissonation de plusieurs actions menées simultanément
Perfectionnement	*Individuel* . répétition du geste . amélioration des sensations et des savoir-faire de chacun
Variantes	*Le Hulla-hop :* faire tourner le cerceau autour de la taille sans qu'il tombe, des bras droit et gauche, des poignets, du cou, des genoux *Cerceau-retro :* réussir à donner un certain effet au cerceau pour qu'il revienne vers le lanceur *Cerceau-parcours :* suivre un parcours en poussant sans le tenir le cerceau à côté de soi *Cerceau-toupie :* entrer et sortir le plus grand nombre de fois dans le cerceau lancé en toupie *Cerceau-sauté :* faire rouler le cerceau et le traverser pendant son déplacement.

le moniteur expliquera le phénomène

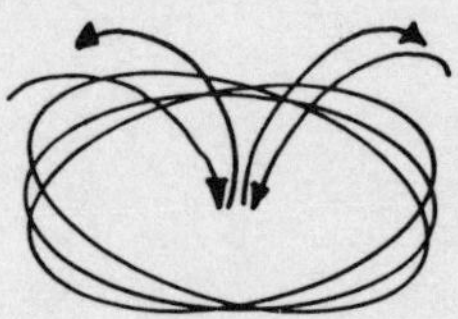
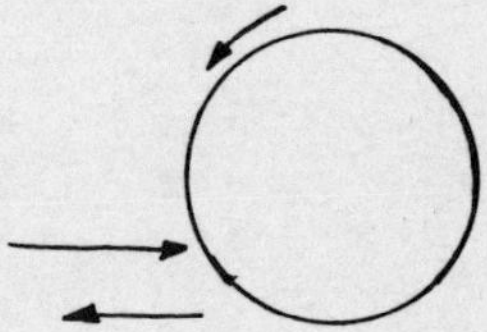

38 LES CORDES

TOUS LIEUX

6-12 ANS
INDIVIDUEL

Degré de participation : chaque enfant avec sa corde participe

Famille de jeu	traditionnel de prouesse individuelle
But du jeu	sauter par dessus la corde
Règles et déroulement	voir variantes
Intérêt éducatif	. affine la coordination motrice . dissocie les membres supérieurs et inférieurs . affine les sensations rythmiques
Perfectionnement	. voir la corde tourner . anticiper le mouvement grâce au rythme de la corde
Variantes	. saut simple individuel . pieds joints, la corde passe sous les pieds avant et arrière, sur place ou en déplacement . pieds joints avec un doublé ou triplé (la corde passe deux fois ou trois fois sous les pieds du joueur pendant que celui-ci fait un saut) . saut pied droit et pied gauche alternativement au sol (fig. 1) . saut pieds joints. Croiser les bras à chaque saut (fig. 2) . saut pieds joints avec balancé latéral droit et gauche (fig. 3)

Matériel : corde individuelle

Menée : insister sur le fait que c'est la corde qui tourne autour de l'enfant et que le mouvement vient des poignets et des bras.

39

LES CORDES

TOUS LIEUX

6-12 ANS
3 JOUEURS MINI

Degré de participation : l'enfant peut participer activement en temps que *sauteur* mais passivement en temps que *tourneur*

Corde collective

. saut pieds joints sur corde simple collective (fig. 4)

. corde simple. Rentrer 1.2.3. Sauter 3 fois à pieds joints corde au-dessus de la tête. 1.2.3. se baisser (fig.5)

. corde double collective croisée (fig. 6)

. la corde tournant, essayer de «rentrer» dans la corde sans l'accrocher puis en sortir après avoir sauté une fois, puis deux fois, puis 3 – 4 – 5... fois

Ceci accompagné d'une comptine :

. peut se faire avec une corde double

. pour tous les jeux de deux cordes il existe 2 rythmes à «l'huile» vitesse lente, «vinaigre», très rapide

. on peut varier tous les jeux en changeant de sens tous les tours, tous les deux tours...

. *la corde coupe-jarret en cercle :*
un joueur prend une petite corde, et décrit en tournant sur lui-même un cercle. Il tourne d'abord lentement puis accélère pour compliquer la tâche de ceux qui devront éviter la corde en sautant par-dessus ; il peut aussi lever de plus en plus haut la corde.
Les joueurs ne faisant pas tourner la corde doivent à chaque fois qu'ils touchent la corde ou quand ils sont déséquilibrés par elle remplacer le joueur central (fig.7)

. *coupe-jarret en colonne :*
Les joueurs disposés en file doivent sauter par-dessus la corde que deux autres joueurs font courir, à hauteur des chevilles, de la tête à la queue de la file. Le dernier touché est le vainqueur.

④

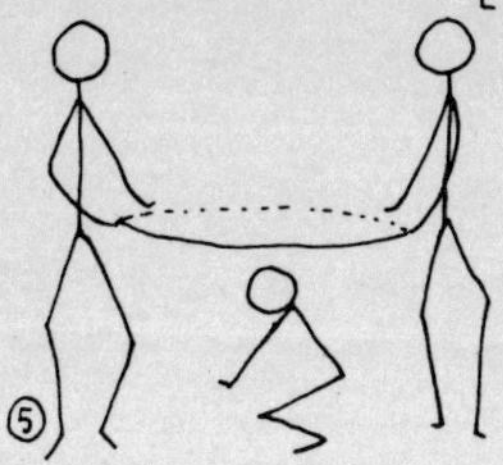
⑤

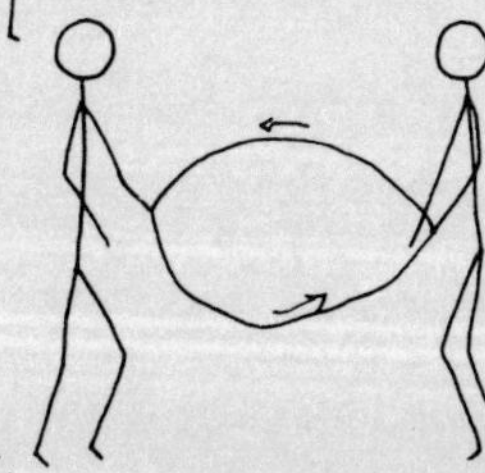
⑥

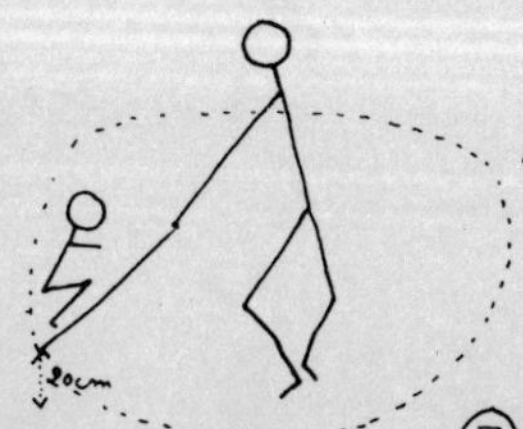

⑦

40 LES BILLES

6-12 ANS
2 JOUEURS MINI

TERRAIN PLAT

Degré de participation : Jeu individuel ou l'enfant participe en temps qu'unité. Il est directement impliqué dans l'activité puisqu'en général les billes lui appartiennent.

Famille de jeu
Jeu d'adresse, prouesse, compétition

But du jeu
En fonction des règles, réussir à gagner les billes de son adversaire

Règles fondamentales
Elles sont particulières à chaque jeu

Déroulement
voir règles et déroulement pour chaque jeu

Intérêt éducatif
- En règle générale, *l'adresse* est la composante commune à tous les jeux de billes
- Acquisition d'un geste précis : lancer de la bille
- Développement des notions de trajectoire

Perfectionnement
Individuel : amélioration de l'adresse par :
- répétition du geste, automatisme
- équilibre et placement au moment du lancer
- concentration — application

Variantes
1) *Tique et patte*
- seul ou à 2 — terrain varié
- but : frapper la bille de l'adversaire en lançant la sienne «tique» ou placer sa bille à une distance maximum égale à l'écartement entre le pouce et l'auriculaire «patte»
- celui qui réussit gagne la bille de l'adversaire ou un point lorsque le but n'est pas atteint du premier coup ; on lance la bille à partir de son point de chute (chacun à son tour)
- les règles concernant la distance, la position des pieds, la façon de lancer, etc... sont précises entre les joueurs
- en fait, ce jeu ressemble... à la pétanque (avec une seule boule)

Matériel : billes

Menée :
. en règle générale ces jeux traditionnels se transmettent d'enfant à enfant sans que l'adulte n'intervienne.
. le moniteur joue avec les enfants
. il peut arbitrer et conseiller

2) *La bloquette*

- deux joueurs ou plus
- un petit trou (la bloquette) est creusé au pied d'un mur ou d'un arbre
- le 1er joueur demande à son adversaire combien de billes il accepte de mettre en jeu (la mise)
- il double la mise
- il réunit le tout dans sa main et se place sur une ligne de départ à 5 ou 6 mètres de la bloquette
- il lance le tout
  . si le nombre de billes qui ont pénétré dans la bloquette est pair, le joueur ramasse la mise
  . si le nombre est impair, c'est l'adversaire qui ramasse le tout
- lorsqu'il y a plus de 2 joueurs, celui dont le tour est venu joue avec le plus offrant.

3) *La tapette*

- deux ou plusieurs joueurs
- un certain nombre de billes (fournies à égalité par les joueurs) sont alignées contre un mur (à 2 ou 3 m)
- but : lancer une bille, à partir de la base commune, de telle sorte qu'après avoir rebondi sur le mur, elle heurte une ou plusieurs autres billes
- le joueur qui touche ainsi une bille la gagne et rejoue
- les billes perdues restent sur le terrain

Variantes (suite)

4) *Le Pot*
- deux ou plusieurs joueurs
- on creuse un pot 15 à 20 cm de diamètre, peu profond
- chaque joueur lance (depuis un point commun), à tour de rôle, une bille vers le pot. Les billes sont ensuite lancées de l'endroit où elles se trouvent.
- *but :* totaliser 110 points (chaque bille qui entre dans le pot comptant 10 points) et ramasser ainsi le contenu du pot.
- *note :* il y a parfois intérêt à viser une bille adverse pour empêcher l'adversaire de la faire entrer dans le pot.

5) *Le triangle*
- seul ou à plusieurs — billes et calots — terrain plat et horizontal
  tracer sur le sol un triangle équilatéral (dimensions à fixer selon les joueurs, la distance de tir, les billes, etc...)
- chaque joueur dispose comme il l'entend le nombre convenu de billes : c'est la mise
- au départ, on se place à «x» pas du triangle, sur une ligne. Chacun tire à son tour, avec son calot.
- *but :* faire sortir le plus grand nombre de billes du triangle en les frappant. Chaque bille sortie est gagnée par le tireur
- en cours de jeu, on lance son calot depuis son point de chute
- si le calot reste dans le triangle :
  . on doit miser «X» billes supplémentaires pour le récupérer
  . on rejoue de la ligne de départ

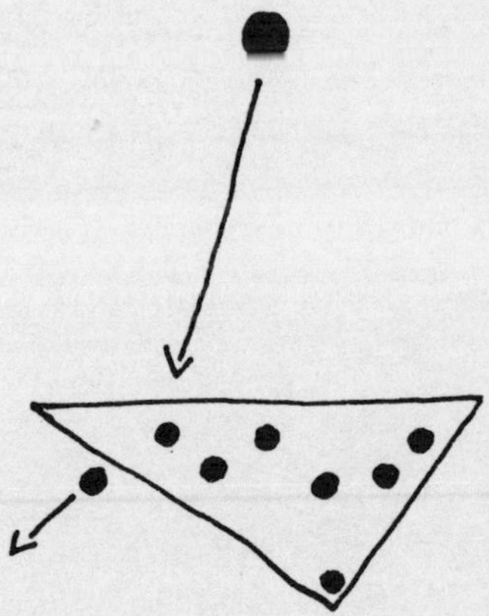

Variantes (suite)

6) *La pyramide*
- seul ou à deux
- terrain plan (mais pas forcément horizontal)
- la mise comprend 4 billes disposées en pyramide (3 à la base, une au sommet)
- *but :* en lançant son calot depuis une base fixe, faire tomber la pyramide (et gagner ainsi les 4 billes)

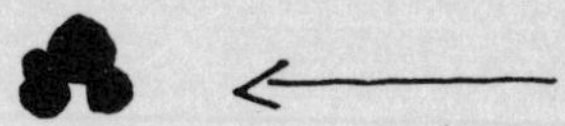

7) *la bombe*
- seul ou à plusieurs
- une bille est posée sur le sol
- *but :* il s'agit en se plaçant au-dessus d'elle de la choquer avec sa propre bille qu'on laisse tomber de toute sa hauteur
- le gagnant reçoit une bille de chacun des autres joueurs

8) *le tour de France*
- à plusieurs
- tracer un parcours sur le sol, dans la terre ou, de préférence, sur le sable en plus d'un départ et d'une arrivée. On peut disposer sur le parcours des obstacles (mur, creux, virage, rivière, pont...)
- chaque joueur mise une somme de billes que le vainqueur gagnera
- chaque joueur place sa bille sur la ligne de départ
- chaque joueur par une «poussette» de la bille avec le pouce et l'index essaie de faire le parcours en un nombre limité de «poussette»
- le vainqueur est celui qui arrive le premier sur la ligne d'arrivée (on peut placer des coureurs cyclistes miniatures à l'endroit où les billes s'arrêtent

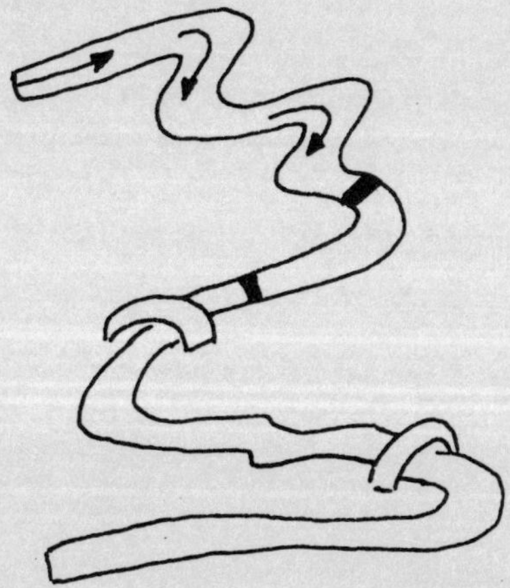

42 LES BILLES

6-12 ANS
2 JOUEURS MINI

TERRAIN PLAT

Variantes (suite)

9) *le petit train*
- 2 joueurs ou plus
- une bille est placée au sol. Les joueurs sont debout autour de cette bille
- chaque joueur place une bille sur le rail (l'index et le majeur réunis)
- le joueur penche légèrement les doigts vers le sol, la bille doit tomber directement sur la bille au sol
- s'il réussit, il gagne les billes restées à terre ; sinon le suivant joue.

10) *pied caché*
- 2 joueurs ou plus
- 1 bille est placée au sol. Le joueur la cache avec son pied
- avec une bille qu'il a dans la main il fait un mouvement latéral de droite à gauche en accélérant le mouvement
- à un signal, il doit enlever son pied de la bille et lancer celle qu'il a dans sa main sur la bille qui est au sol ; s'il réussit, il gagne les billes restées à terre, sinon le suivant joue.

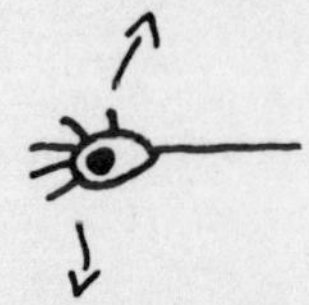

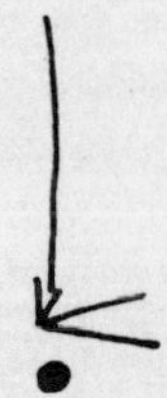

11) *marteau oreille*
- 2 ou plusieurs
- 1 bille au sol
- avec une autre bille se placer debout au-dessus de la bille qui est au sol
- placer la bille derrière l'oreille opposée à la main tenant la bille
- lâcher cette bille qui doit toucher directement la bille au sol
- si le joueur réussit, il gagne les billes restées à terre ; sinon le suivant joue

Variantes (suite)

12) *le mur – choc direct*
– 2 ou plus
– une bille est placée au sol devant un mur
– lancer à tour de rôle une bille contre le mur, elle doit retomber directement sur la bille au sol
– si un joueur réussit, il gagne les billes restées à terre

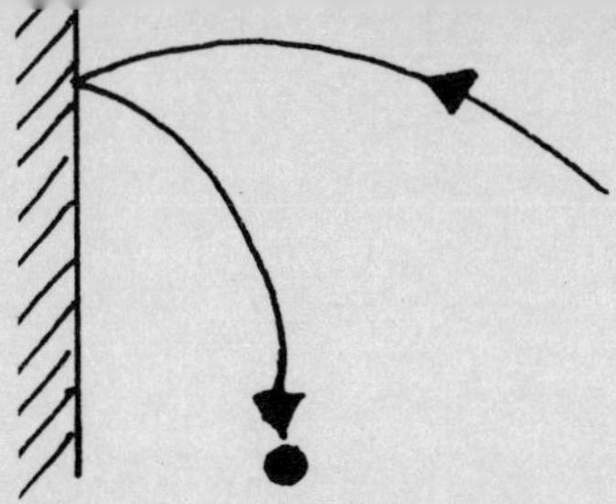

13) *le plus près du mur*
– 2 ou plus
– lancer à tour de rôle une bille vers un mur
– le gagnant est celui qui réussit à *approcher* le mur le plus près possible sans le toucher ; il gagne la bille des adversaires

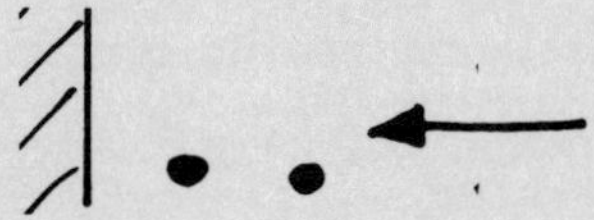

14) *le mur rétro*
– 2 ou plus
– lancer la bille en la faisant rouler
– elle doit toucher la bille placée au sol après avoir touché le mur
– le joueur qui réussit gagne les billes restées au sol

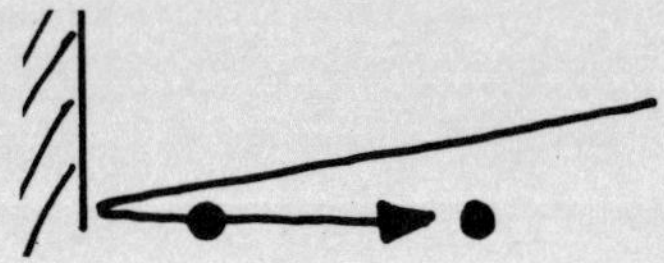

15) *bras cassé*
– deux ou plus
– placer une bille au sol ; se placer au-dessus
– placer le bras gauche à angle droit devant soi
– frapper ce bras gauche avec la main droite tenant une bille. Au signal, lâcher la bille sur celle qui est au sol
– le joueur qui réussit gagne les billes restées à terre

16) *la tiquette*
– 2 joueurs placés l'un en face de l'autre
– 1 bille est placée à égale distance des 2 joueurs
– *but du jeu :* réussir à toucher la bille centrale
– celui qui réussit gagne la bille ou une mise préalablement établie

43 LES BILLES

6-12 ANS
2 JOUEURS MINI

TERRAIN PLAT

Variantes (suite)

17) *la roulette*
- 1 bille au sol, 1 bille sur la tête, lâcher la bille se trouvant sur la tête ; elle doit tomber directement sur la bille se trouvant au sol
- le joueur qui réussit gagne les billes restées à terre.

18) *petit œil – grand œil*
- 2 ou plusieurs
- 1 bille au sol
  - 1 bille au niveau du pot pour le petit œil
  - 1 bille au niveau de l'œil pour le grand pot
- *pot :* main libre en forme de cercle au niveau du nombril
- lâcher la bille se trouvant au niveau de l'œil : elle doit passer dans le pot et tomber directement sur la bille au sol
- le joueur qui réussit gagne les billes

19) *genou cassé*
- 2 ou plusieurs
- 1 bille au sol – debout, une jambe pliée, le pied au dessus de la bille au sol
- dans une main une autre bille – on frappe le genou fléchi plusieurs fois ; au signal on lâche la bille qui doit tomber directement sur la bille au sol
- le joueur qui réussit gagne les billes restées au sol

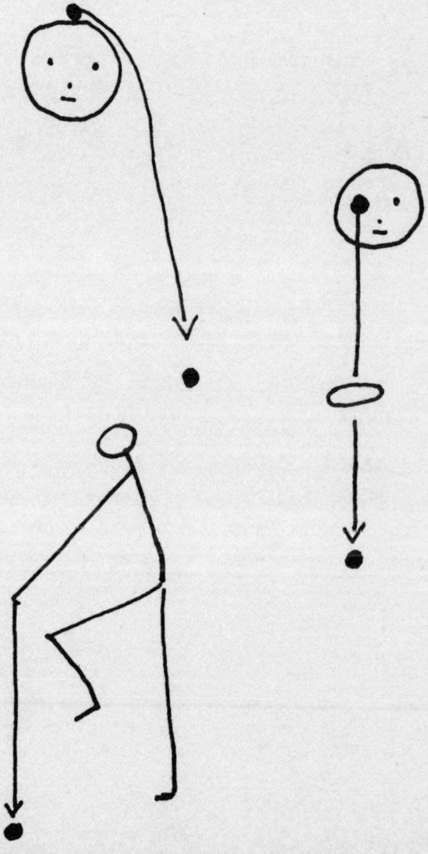

44 LES COUTEAUX

12 ANS MINI
2 À 4 JOUEURS

EXTÉRIEUR : SOL MEUBLE

Degré de participation : chaque joueur peut participer selon son désir

Famille de jeu

– prouesse individuelle

But du jeu

planter le couteau dans une cible avec précision

Règles fondamentales

– après une «pichenette», le couteau doit se planter dans une cible

Déroulement

– 3 positions pour tenir le couteau

a) «pichenette»

pointe

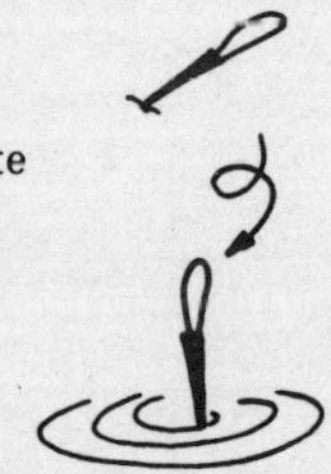

poser la pointe sur une surface

b) «demi-pichenette»

– tenir le couteau par le manche

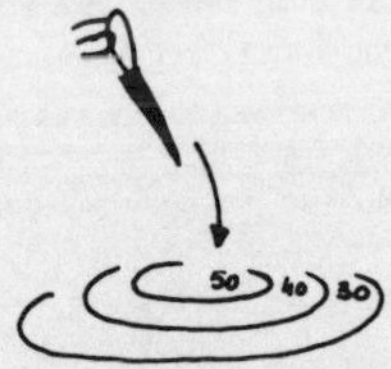

c) «pichenette et demi»

– tenir le couteau par la lame

Matériel : couteau
cible tracée sur le sol

Menée : le moniteur veillera avant tout à la sécurité.

Le couteau peut représenter un danger réel pour l'enfant. S'il est manipulé sans discernement, sans tenir compte des règles élémentaires de sécurité.

Aucun enfant ne doit se trouver devant le joueur car si le couteau ne se plante pas, il peut rebondir ou glisser sur le sol

fermer le couteau ou le poser après chaque passage ou encore pour plus de sécurité ne se servir que d'un ou deux couteaux par groupe d'enfant.

Objectif éducatif prioritaire

– précision et adresse

Perfectionnement

– *individuel*

Essayer de faire une double pichenette
une triple pichenette

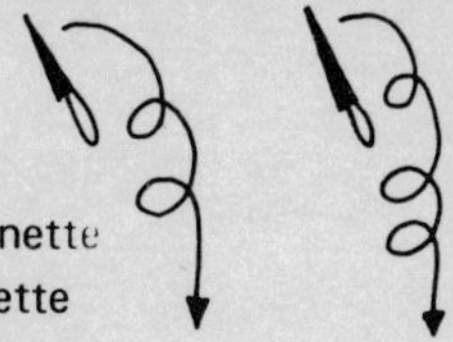

Variante

– pour la pichenette (a) : se joue debout ou à genoux. On pose la pointe du couteau sur le pouce et l'on fait une pichenette. On compte les points, puis on la pose sur l'index..., sur le majeur..., tous les doigts, le poignet, le coude, l'épaule, le genou. On fait le total des points.

Attention à ce que les pieds ne se trouvent pas sur la trajectoire du couteau.

– *Figures :*

Les joueurs qui lancent à tour de rôle le couteau dans le cercle plus ou moins grand selon leur nombre, ont à exécuter une série de 14 figures d'après un ordre strictement établi :

1) Le couteau à plat sur la main ouverte, lame et doigts pointés en avant vers l'extérieur : le lancer vers soi pour qu'il retombe sur la pointe
2) même mouvement avec le couteau placé sur le dos de la main
3) le couteau reposant sur l'extrémité des doigts repliés en poing presque fermé, l'enfoncer dans le sol par un mouvement du poignet vers l'intérieur
4) même mouvement avec le couteau posé sur l'index et le poignet du joueur
5) le poing fermé de profil mais le pouce et l'index formant un cercle sur lequel repose le couteau, lame pointée en avant vers l'extérieur, lancer le couteau vers soi.

Pour les mouvements suivants, le couteau sera tenu par l'extrémité du manche ou par celle de la lame, mais

LES COUTEAUX

EXTÉRIEUR : SOL MEUBLE

Variantes (suite)

toujours entre le pouce et l'index avec le fer en appui sur le majeur ; l'index de l'autre main peut parfois servir de pivot.

6) en tenant le couteau par le manche, porter la lame au front et le lancer en avant vers l'extérieur sur la pointe

7) mêmes mouvements en portant d'abord la lame au
8) nez et ensuite au menton.

9) en tenant toujours le couteau par le manche et en passant le bras par dessus la tête, le laisser tomber sur la pointe

10) même mouvement de l'autre bras

11) en tenant le couteau par la lame, le planter 7 fois de suite dans le sol après lui avoir fait faire un tour complet vers l'extérieur (index gauche servant de pivot)

12) répéter 21 fois ce même mouvement mais en autant de coups qu'il sera nécessaire

13) même mouvement ; le couteau devant accomplir un double tour

14) en tenant le couteau par le manche, le faire tomber sur la pointe après un tour et demi

Celui dont le couteau tombe à plat ou presque horizontalement (l'extrémité du manche se trouvant à moins de 2 doigts du sol) perd son tour. Il reprendra son jeu au tour suivant en recommençant la figure qui l'a fait échouer.

Un bon joueur de couteau doit exécuter ses mouvements avec une grande rapidité.

LES OSSELETS

9 ANS MINI
2 À 4 JOUEURS

TOUS LIEUX

Degré de participation : chacun son tour — par petits groupes

Famille de jeu prouesse individuelle

But du jeu parvenir à exécuter le premier toutes les figures demandées

Règles fondamentales Lancer un osselet en l'air et rafler ceux restés au sol

Déroulement

Partie simple

en rattrapant ensuite celui qui a été lancé le premier joueur prend les osselets dans la paume de sa main, les lance vers le haut, retourne sa main et doit recevoir le maximum d'osselets sur le dos de sa main.

s'il reçoit les 5 osselets sur le dos et réussit en retournant la main, à les recevoir tous les 5 dans la paume de la main, le joueur passe directement à 1 de «Bosse», sinon le joueur reste à 1 de partie simple, c'est-à-dire qu'il doit, si 2 osselets restent au sol, les prendre 1 par 1 en lançant en l'air un des 3 osselets restés dans sa main.

Il passera ensuite à 2 de partie simple. Il relancera les 5 osselets, essayera de les récupérer sur le dos de la main puis dans la paume de main. S'il réussit avec 5 osselets, il passera à 2 de «Bosse», sinon il devra ramasser 2 par 2 les osselets restant au sol en laissant un osselet en l'air et en raflant 2 par 2 les osselets... etc... jusqu'à 4 de partie simple : rafler 4 osselets ensemble.

Partie de Bosse

Lancer les 5 osselets en l'air, les récupérer sur le dos de la main puis dans la paume, si on réussit, on passe à 1 de partie «*creux*» ; sinon, on doit ramasser 1 par 1 en ayant auparavant pris soin de les placer sur «*Bosse*».
— idem pour partie simple par la suite —

Matériel :

Jeu d'osselets dont 1 rouge

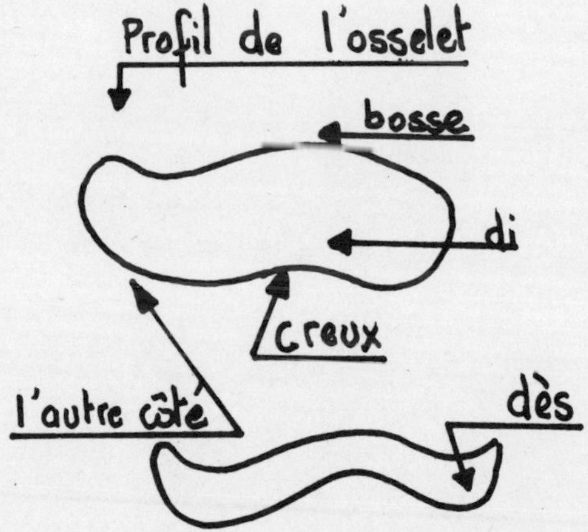

– *Partie de creux*

jouer comme précédemment.
Si on réussit, on passe à 1 de partie de «*Di*»
idem en les plaçant sur «*creux*»
idem pour la suite

– *Partie de «Di»*

jouer idem précédemment
Si on réussit on passe à 1 de partie de «*Dès*»
ensuite, idem en les plaçant sur «*Di*»

– *Partie de Dès*

jouer idem précédemment
Si on réussit, on passe directement à *petite omelette*
Idem précédemment en les plaçant sur *Dès*

1 de Dès – 2 de Dès	(rafler 2 par 2)
3 de Dès	(rafler 3 par 3)
4 de Dès	(rafler tous les 4)

– *Petite omelette*

Lancer les 5 osselets en l'air. Si on les récupère tous les 5 sur le dos et dans la paume, on passe directement à grande omelette
sinon : on garde les osselets récupérés dans la paume ; on en lance 1 et on essaie de prendre ceux restés au sol 1 par 1, puis 2 par 2...
Si on réussit on passe à «*grande omelette*»

– *Grande omelette*

idem précédemment
sinon on garde les osselets récupérés dans la paume ; on les lance tous ensemble vers le haut. On doit d'abord récupérer 1 par 1 les osselets au sol.
ex. si on a 2 osselets dans la paume et 3 au sol, on lance les 2 osselets en l'air, on prend 1 osselet au sol et on rattrape les 2 osselets retombant.
Si on réussit à 1-2-3-4 de grande omelette, on passe à partie sévère.

LES OSSELETS

9 ans mini
2 à 4 joueurs

tous lieux

Partie sévère

Le départ se fait en lançant les 5 osselets au sol. Prendre obligatoirement l'osselet rouge et récupérer 1 par 1 tout d'abord les osselets au sol *sans toucher ceux que l'on ne récupère pas,* puis on passe à la récupération par 2, par 3, par 4.

Ensuite, on passe à 1-2-3-4 de partie sévère «Bosse»
puis 1-2-3-4 de partie sévère «Creux»
1-2-3-4 de partie sévère «Di»
1-2-3-4 de partie sévère «Dès

1 : récupérer 1 par 1 les osselets au sol
2 : " 2 par 2 " "
3 : " par rafle 3 osselets puis 1
4 : " par grande rafle les 4 osselets

Au cours de ces parties on perd son tour quand :

en partie simple :
- on a 3 coups pour placer les osselets au sol sur dos-creux-di-dès
- si au moment de récupération un osselet tombe de la main
- si on rafle 2 osselets alors qu'on devrait en rafler 3 ensemble

en partie sévère :
- si on touche un osselet que l'on ne devait pas prendre au cours d'une rafle
- si on lance en l'air un autre osselet que le rouge
- si on met plus d'un coup pour placer un osselet sur la face demandée
- si on rafle un mauvais nombre d'osselets demandé

Intérêt éducatif Coordination motrice

48 JEUX POUR FORMER 2 EQUIPES

6 ANS MINI

TOUS LIEUX

Degré de participation : Ces jeux se déroulent devant des spectateurs attentifs et... intéressés. Les joueurs sont porteurs d'espoirs autres qu que les leurs. Ils jouent individuellement mais pensent déjà à leur équipe.

Famille de jeu : Jeu pour débuter

Règle fondamentale : Trier les joueurs selon leur comportement par rapport à une règle de jeu

Au pied («on piète»)
Les deux capitaines se prennent la main droite, tirent, et se lâchent en se séparant vivement. De la distance ainsi obtenue, ils avancent l'un vers l'autre, chacun à son tour par *pied, semelle* ou *pointe,* chaque pas touchant le précédent.

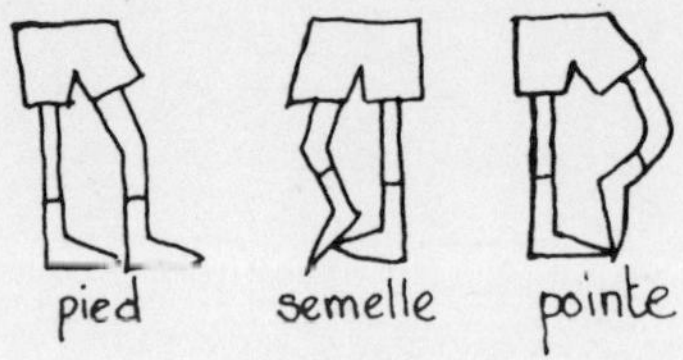

Celui qui «couvre», c'est-à-dire qui recouvre de la grandeur minima du talon, la chaussure de son adversaire, choisit le premier un partenaire. Chacun des capitaines choisit alors à tour de rôle.

Si les deux pieds arrivent bout à bout, ou si le pied qui a le dessus couvre d'une longueur inférieure à la longueur du talon les deux capitaines recommencent.

Variante
Le gagnant peut être aussi celui qui a le pied dessous. Mais les joueurs doivent se mettre d'accord auparavant : «Pied dessus ou pied dessous».

Chi Fou Mi

Les deux capitaines se faisant face, lancent leur bras droit l'un vers l'autre en faisant différentes figures avec leur main (ce lancer se fait sur le 3e mot de Tchi Fou *Mi*).

Les ciseaux (V horizontal avec l'index et le majeur).

La pierre (poing fermé).

La feuille (main ouverte).

Points : On marque un point à chaque fois que :
Les ciseaux coupent la feuille.
La feuille enveloppe la pierre.
La pierre casse les ciseaux.
On ne marque rien lorsque les deux mains figurent la même chose. Le premier qui a marqué 5 points a gagné.

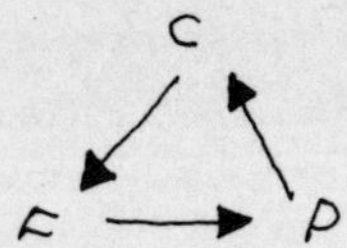

N.B. – Il y a d'autres figures de mains possibles.

Exemple :

le puits (pouce et index formant un cercle).

- Les ciseaux et la pierre tombent dans le puits.
- La feuille couvre le puits.

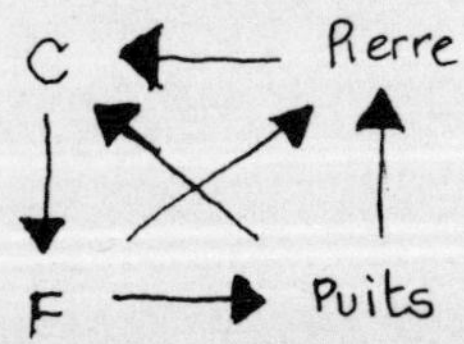

La feuille et le puits ont deux chances de gagner, contre une aux ciseaux et à la pierre.
N.B. – Avec plus de trois figures Chi Fou Mi devient un jeu qui se suffit à lui-même. Pour former des équipes, on se contente de trois figures.

Blanc et noir («campagna»)
3 joueurs forment un petit cercle ; ils ont les mains au dos. Sur la dernière syllabe de «campagna», ils lancent rapidement leur bras droit vers le centre du cercle. Deux façons de présenter la main :

paume dessus → blanc
revers dessus → noir
les blancs (ou les noirs) se groupent : ils sont 2 ou 3, qui constituent le début d'une équipe. S'il reste un joueur, ce dernier recommence avec deux autres joueurs au hasard. S'il ne reste personne, un nouveau trio se forme.
On continue jusqu'à ce que l'équipe groupe la moitié du nombre total des joueurs.

On peut débuter à 5 joueurs.

Variante

Dans certaines régions, on pose la main droite sur le genou droit, la jambe étant pliée et le genou dirigé vers le haut en même temps que la main vient frapper le genou.

Les sauterelles
2 joueurs sont placés à plusieurs mètres 'un de l'autre Ils sautent pieds joints à tour de rôle. Celui qui réussit à sauter sur les pieds (immobiles) de son adversaire, gagne et débute.